# Gli Italici a Delo

Claire HASENOHR

ÉCOLE FRANÇAISE D'ATHÈNES
ΓΑΛΛΙΚΗ ΣΧΟΛΗ ΑΘΗΝΩΝ

I numeri cerchiati in rosso ① rinviano alle piante presenti nei risvolti di copertina.

Sul secondo risvolto, le linee tratteggiate in rosso rappresentano l'itinerario proposto a partire da p. 29.

Abbreviazioni: *ID* = P. Roussel, M. Launay, *Inscriptions de Délos* (1937); *SEG* = *Supplementum Epigraphicum Graecum*; *EAD* = *Exploration archéologique de Délos*; *BCH* = *Bulletin de correspondance hellénique*.

## Cenni cronologici

**314-167**: Delo è una città indipendente, sede di un santuario internazionale dedicato ad Apollo e di un porto commerciale regionale.

**172-168**: terza guerra macedonica: vittoria di Roma contro Perseo, re di Macedonia.

**167**: il Senato romano consegna Delo ad Atene che, a sua volta, scaccia i Delii dall'isola installandovi una cleruchia.

**av 149/8**: fondazione dell'associazione dei Poseidoniasti di Berito a Delo.

**146**: vittoria di Roma contro la lega achea e distruzione di Corinto.

**133**: Attalo III lascia in eredità a Roma il regno di Pergamo.

**129**: il regno di Pergamo diviene provincia romana dell'Asia.

**ca. 130-120**: un gran numero di Italici si stabiliscono a Delo. Fondazione dell'Associazione degli *Italici*?

**av 125**: Teofrasto, epimeleta di Delo, fa eseguire lavori nei pressi del porto di Delo e nell'agorà che porta il suo nome.

**90-88**: guerra sociale tra Roma e le città italiche; gli abitanti di quest'ultime acquisiscono la cittadinanza romana.

**88-84**: prima guerra mitridatica tra Roma e Mitridate VI, re del Ponto.

**88**: Mitridate VI saccheggia Delo e ne massacra gli abitanti.

**75-63**: terza guerra mitridatica tra Roma e Mitridate VI, re del Ponto.

**69**: Athenodoros, pirata al soldo di Mitridate, saccheggia Delo. Il legato romano Caio Triario fa erigere bastioni difensivi.

**67**: Guerra di Pompeo contro i pirati (cd. *guerra piratica*).

# Introduzione

Durante il II secolo e fino agli inizi del I secolo a.c., l'isola di Delo, sede del più grande porto di transito del Mediterraneo orientale, ha accolto molti commercianti italici che qui hanno prosperato per un cinquantennio all'interno di una comunità cosmopolita. Grazie agli innumerevoli edifici, statue, dipinti e iscrizioni rinvenuti, a partire dal 1873, dalla Scuola francese di Atene, è possibile ricostruire la vita di questa comunità, tanto diversificata quanto influente. Tutto ha avuto inizio nel 167 a.c. con la conquista romana del Mediterraneo orientale. A seguito della sconfitta del regno di Macedonia, il Senato romano premiò l'alleata Atene donandole Delo, piccolo e prosperoso centro, noto per il suo santuario* e per il suo porto commerciale regionale. Gli abitanti di Delo furono cacciati dall'isola che fu, a sua volta, occupata e amministrata dagli Ateniesi. Oltre a ciò, con lo scopo di contrastare l'avversaria Rodi – fino a quel momento fulcro del commercio internazionale – Roma fece di Delo un porto franco, dove le navi mercantili erano esentate dalle tasse di importazione ed esportazione. In qualche decennio, mentre Roma procedeva con la sua avanzata nel mondo greco, Delo divenne centro di scambi tra Oriente e Occidente: la distruzione di Corinto nel 146 e, in seguito, la creazione della provincia dell'Asia nel 129 a.c., ne fecero un luogo di passaggio obbligato per i commercianti; inoltre, in un mare alquanto frequentato dai pirati, un ulteriore punto a vantaggio di Delo fu la sua inviolabilità, poiché era stato stabilito che nessuno sarebbe potuto nascere o morire sull'isola consacrata ad Apollo.

In questo contesto particolarmente favorevole, Delo accolse i numerosi mercanti di passaggio mentre un gran numero di stranieri vi si stabilirono a stretto contatto con gli Ateniesi: le iscrizioni ci testimoniano la presenza di Greci provenienti da città più o meno lontane, di Egizi, di Fenici, di Siriani, di Ebrei, di Samaritani, di Arabi e, soprattutto, di molti Italici. All'epoca, l'economia romana era in piena espansione e alla ricerca sia di manodopera che di opportunità per lo smercio dei prodotti agricoli: a Delo i commercianti romani vendevano olio, vino e ceramiche e compravano dai popoli orientali schiavi e beni preziosi. I nuovi abitanti dell'isola si organizzarono, molto presto, in gruppi etnici stringendo al tempo stesso complesse relazioni, mescolando rivalità e alleanze onde garantirsi il successo economico e sociale.

La città prosperò e si espanse (1): si costruirono nuovi quartieri residenziali, i santuari furono consacrati a divinità "straniere", il porto e le infrastrutture commerciali si svilupparono mentre la necropoli, situata dall'altra parte del canale, sull'isola di Rineia, accoglieva individui di ogni ceto e provenienza. Gli Italici erano presenti ovunque. Dopo aver esplorato i diversi aspetti di questo originale popolo, ne seguiremo le orme attraverso le rovine e il museo di Delo.

(1)

# Gli Italici di Delo:
## una potente comunità dai mille volti

### UN GRUPPO ETEROGENEO E APERTO AD ALTRE COMUNITÀ

Grazie alle iscrizioni, si sono potuti recensire più di 750 Italici. Se alcuni soggiornano a Delo a partire dalla fine dell'epoca della sua indipendenza e nei decenni che seguono il dominio di Atene sull'isola nel 167 a.c., la stragrande maggioranza vi si stabilisce tra il 130 e il 69 a.c. Ciò è testimoniato dagli epitaffi*, dalle liste dei sottoscrittori, dalle dediche votive o onorarie*. Lo studio dei loro nomi ha permesso di risalire alle loro origini e ricostruirne i legami familiari (box 1).

La maggior parte degli Italici hanno un nome latino e provengono sia da Roma, sia da altre città italiche i cui abitanti, prima della guerra sociale (90-88 a.c.), non possedevano ancora la cittadinanza romana (2). Benché la loro nazionalità sia raramente indicata, il gentilizio* permette in taluni casi di riconoscere l'origine geografica delle famiglie: ad esempio, i Saufeii sono ben conosciuti a Praeneste (Lazio) e i Granii a Pozzuoli (Campania), due fiorenti città che intrattengono legami commerciali con Delo. Altre famiglie, come i Gerillani, arrivano dall'Apulia (Puglia), altre come i Seii e gli Stlaccii sono di origine osca (Italia centrale). Si incontrano anche nomi greci quando gli Italici in questione provengono dalle antiche città magnogreche (Napoli, Taranto, Velia, Eraclea di Lucania, ecc.): in questo caso, gli stessi tengono in particolar modo a rimarcare la loro etnia* onde sottolineare la loro appartenenza alla comunità italica di Delo.

Se alcuni Italici erano rappresentanti singoli di attività commerciali con sede nella penisola italica, la maggior parte viveva e lavorava in imprese a conduzione familiare. Alcune *gentes** sono costituite da dieci o anche quindici individui provenienti dai più differenti status sociali. Presso questi nuclei familiari troviamo spesso dai due ai tre uomini liberi, il padre di famiglia e il suo (o suoi) figli o fratelli. Essi sono accompagnati da alcuni schiavi e liberti*, legati alla loro vita professionale o domestica: alcuni probabilmente arrivarono con i loro padroni dalla penisola italica, altri "comprati" in loco, e tutti hanno nomi greci o orientali. Gli schiavi

**I nomi greci** presentano tre elementi: nome, patronimico (nome del padre al genitivo) ed etnico (aggettivo assegnato in base alla città di provenienza).
Ex. : *Apollônios Dioscouridou Neapolitès*: Apollonios, figlio di Dioscourides, di Napoli.

**I nomi latini** presentano quattro elementi: *praenomen* (prénom), (nome), *nomen* = gentilizio (cognome), patronimico (nome del padre) e *cognomen* (soprannome). Il nome e il cognome sono sempre abbreviati mentre il *cognomen* è lungi dal presentarsi in maniera sistematica.
Es.: *P(ublius) Sexteilius L(ucii) f(ilius) Pilo*: Publius Sexteilius Pilo, figlio di Lucio.

Schiavi e liberti portano il gentilizio del loro padrone/i o capo/i e menzionano il loro nome/i al posto del cognome, come se si trattasse di un patronimico. Gli schiavi hanno sempre un nome greco. Una volta divenuti liberti, ricevono un *praenomen* latino ma utilizzano il loro nome da schiavi come *cognomen*.
Es.: *Diodotus Seius C (aii) C (naeii) s (ervus)*: Diodotus Seius, schiavo di Caius e Cnaeus.
*C (aius) Seius Cn (aei) l (ibertus) Heracleo*: Caius Seius Heracleo, liberto da Cneo.

Nelle iscrizioni greche, i nomi latini sono trascritti in alfabeto greco e i patronimici presentano la desinenza al genitivo, senza indicazione dello stato (figlio, liberto, schiavo). È, pertanto, impossibile distinguere un uomo libero da un liberto, poiché entrambi portano un *praenomen* latino.
Es.: *Aulos Floueios Dekmou*: Aulos, figlio (o liberto) di Decimo.

Negli elenchi degli efebi (e spesso anche negli elenchi dei sottoscrittori), i nomi romani seguono lo schema dei nomi greci, eliminando il gentilizio, e indicando, a volte, l'etnia *Rômaios*, usata genericamente per indicare l'origine italica ma non la cittadinanza romana.
Es.: *Aulos Aulou Rômaios*: Aulo, figlio di Aulo, romano.

I nomi di donna, attestati solo nella loro trascrizione greca, sono piuttosto vari. Spesso presentano al posto del nome il gentilizio al femminile, seguito dal patronimico (*praenomen* del padre) o dal gamonimo (*praenomen* ed eventualmente gentilizio della donna sposata). Alcune donne hanno, tuttavia, un vero *praenomen*: i nomi *Pôlla* e *Tertia* sono particolarmente comuni a Delo. Le donne raramente portano un *cognomen*.
Es.: *Kaikilia Gnaiou*: Cecilia figlia di Cnaeus (Caecilius).
*Tertia Horaria Popliou Romaia Tryphera, gynè Popliou*: Tertia Oraria Tryphera, figlia di Publius e moglie di Publius, Romana.

(1)  *I nomi degli Italici di Delo*

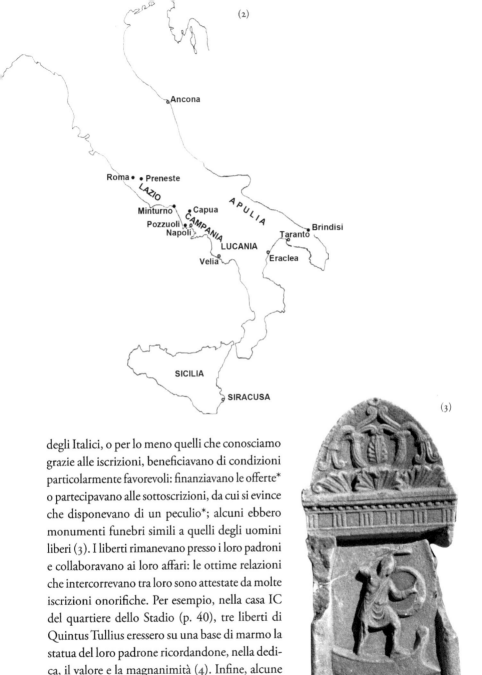

Ancona

Roma • Preneste
LAZIO
Minturno • Capua
Pozzuoli • APULIA
Napoli CAMPANIA
LUCANIA Taranto Brindisi
Velia Eraclea

SICILIA

SIRACUSA

(3)

degli Italici, o per lo meno quelli che conosciamo grazie alle iscrizioni, beneficiavano di condizioni particolarmente favorevoli: finanziavano le offerte* o partecipavano alle sottoscrizioni, da cui si evince che disponevano di un peculio*; alcuni ebbero monumenti funebri simili a quelli degli uomini liberi (3). I liberti rimanevano presso i loro padroni e collaboravano ai loro affari: le ottime relazioni che intercorrevano tra loro sono attestate da molte iscrizioni onorifiche. Per esempio, nella casa IC del quartiere dello Stadio (p. 40), tre liberti di Quintus Tullius eressero su una base di marmo la statua del loro padrone ricordandone, nella dedica, il valore e la magnanimità (4). Infine, alcune

Italiche sono conosciute grazie alle stele funerarie dove
è inciso il loro nome, accompagnato da quello del loro
padre o del loro sposo. Queste sono rappresentate nei più vari
atteggiamenti: ad esempio, sul ricco monumento in memoria
di Tertia Horaria (5), la defunta, assisa, trattiene la mano di un
uomo, senza dubbio il suo sposo Publius, mentre una piccola
serva gli offre un portagioielli. Un'altra stele rappresenta
una bambina accovacciata, che tende un grappolo d'uva ad
una piccola oca – il commovente epitaffio in versi inciso
sul rilievo ci rivela essere figlia di un cittadino romano,
Quintus Furius (6 e **box 2**).

(4)

Io, bambina cittadina di Roma, Ade mi ha chiamato e mi ha portato via.
Separandomi dalla vita, non ha lasciato ai miei genitori in compenso (della mia
perdita) nient'altro che dolore. Mia madre si chiama Artemisia, mio padre Quintus
Furius. Io sono chiamata con lo stesso nome che porta mio padre. La malattia non
mi ha fatto soffrire in maniera pietosa, sono morta in effetti senza alcun dolore.

(2)   *Epitaffio di Furia* (SEG 47, 1232)

La comunità italica raggruppava dunque gli individui
secondo la provenienza geografica, la lingua, il sesso
e la condizione sociale. Quando si stabilirono a Delo,
la maggior parte di essi conosceva già la cultura greca,
divenuta modello sia a Roma che nelle principali città
della penisola. Parlavano greco e le loro iscrizioni ne fa-
vorivano l'uso, a scapito del latino, per lo meno
in ambito privato. Essi mostravano una
grande apertura nei confronti della
popolazione greca e orientale con le
quali vennero a contatto sull'isola.
Gli Italici frequentavano il ginnasio, luogo dedicato allo sport,
all'educazione intellettuale e alla
socializzazione, e aperto a ogni fascia

(5)                                    (6)

d'età. Situato nell'edificio che oggi chiamiamo "Palestra del lago", fu in seguito trasferito dagli Ateniesi presso lo stadio, a nord-est dell'isola (14), all'inizio del I secolo a.C. (7). Nomi d'origine italica compaiono negli elenchi ufficiali, nelle dediche e nei graffiti incisi sui banchi di marmo. I giovani tra i 18 e i 20 anni erano integrati nell'efebia*: nel 119/8 a.c., in un elenco di efebi* si identificano cinque Italici, sei Ateniesi e 29 tra Greci e Orientali, cifre che rendono bene l'idea dell'importanza numerica della presenza straniera.

Quest'ultima è riscontrabile anche nei numerosi santuari dell'isola, alcuni dedicati da secoli a divinità greche e, altri, creati più di recente in onore di divinità forestiere. Grazie al loro grande successo, i santuari degli dei egizi Sarapis, Iside, Anubi e Arpocrate (Horus) e delle divinità siriache Hadad e Atargatis erano amministrati da Atene, che sovrintendeva al loro mantenimento, ne nominava il personale addetto al culto e organizzava le feste religiose ((17), (18), (19)). Gli Italici, come tanti altri stranieri, erano ferventi adoratori di queste divinità orientali e tributavano loro numerose offerte. Nelle liste dei sottoscrittori dei santuari egizi si possono contare 70 italici, tra cui molti schiavi uomini o donne. L'esempio della famiglia degli Aemilii è esemplare: prima del 112/1 a.C., Lucius Aemilius, figlio o liberto di Publius, congiunto ad un altro italico, Aulus Gessius, dedica alle divinità egizie un *pastophorion** e le proprie suppellettili, in loro nome e in quello delle loro mogli e figli; nel 106/5 la schiava Hellas Aemilia consacra in suo nome e in quello di Sappho e Spurius (suoi compagni?) una statuetta alle divinità egizie; nel 90, Publius Aemilius figlio di Lucius, Romano, offre un'esedra* alle divinità siriache, in suo nome e in quello di suo figlio Publius. Infine, ricordiamo Spurius Stertinius, di cui sono note alcune offerte a divinità egizie, una alle Ninfe, una alle Grazie e due ad Artemide Soteira (8): era evidentemente più attratto dai culti orientali e greci che non a quelli legati alla sua patria.

Nel corso dei decenni gli Italici si mescolarono dunque ad una popolazione cosmopolita, adottandone usi e costumi, in un grande crogiolo culturale quale era l'isola di Delo. Questa integrazione si manifesta anche con legami di amicizia nonché alleanze matrimoniali con i componenti di altre comunità. Vediamo gli Italici associarsi con gli Ateniesi in dediche comuni: l'Italico Gorgias, figlio di Damoxenos, originario di Eraclea di Lucania, e l'ateniese Ariston, figlio di Gorgias, erigono insieme statue onorarie dei loro amici Aulus e Publius Gabinii, magistrati romani. Ancor più sorprendente il caso di quattro liberti italici che si associano al famoso ateniese Dionysios, figlio di Nikôn, epimeleta dell'isola*, per la dedica ad un monumento. Si può

supporre anche l'esistenza della pratica dei matrimoni misti, benché l'interpretazione dei nomi che mescolano elementi latini e greci resti una questione delicata. Così, Caius Seius Aristomachos è il figlio di un cittadino romano, Cnaeus Seius, e di Cleopatra, figlia di Philostratos, della città di Arados in Fenicia. Porta il gentilizio romano di suo padre, un *praenomen* romano e un *cognomen* greco. Come attestano due dediche, sia lui che sua madre rimasero fedeli al culto delle divinità siriache. È probabile che i matrimoni tra Italici e Orientali, esattamente come le amicizie testimoniate nelle dediche, celassero interessi di tipo economico e politico.

Sono questi stessi interessi che spinsero alcuni Orientali ad integrarsi nella comunità italica, ottenendo la cittadinanza delle città greche dell'Italia

(8)

del Sud. Il caso più famoso è quello del banchiere Filostrato, figlio di Filostrato. Questo personaggio, la cui famiglia è menzionata in tredici iscrizioni, era originario di Ascalona in Palestina e si stabilì a Delo con sua moglie, i suoi due figli (uno dei quali un adolescente maschio) e il suo schiavo Chaireas. Fedele alle divinità della sua patria, alle quali fece diverse dediche presso il santuario delle divinità di Ascalona, sul monte Cinto ⑯, ottenne presto la cittadinanza da Napoli grazie ai suoi legami con i mercanti italici e alla generosità manifestata nei loro confronti. Lo testimonia una dedica dei tre fratelli Egnatii, che gli eressero una statua qualificandola come evergetica*, e altre due dediche provenienti da gruppi di mercanti italici, ateniesi e stranieri. Filostrato fu uno dei più generosi donatori nei confronti dell'Agorà degli Italici (p. 49) e l'ottenimento della cittadinanza napoletana fu ben giustificata dalla sua professione, essendo le banche monopolio degli Italici.

## UN'ASSOCIAZIONE INFLUENTE: GLI *ITALICI*

Se stranieri di ogni provenienza si incontravano quotidianamente in diversi luoghi dell'isola e stringevano accordi commerciali, senza dubbio rinsaldati da alleanze matrimoniali, ogni comunità si preoccupava di mantenere e rafforzare i suoi legami interni attraverso associazioni religiose, culturali e/o commerciali. Le associazioni degli Orientali sono quelle più note: per esempio, il "*koinon**" dei Poseidoniasti di Berito, commercianti, armatori e magazzinieri" raggruppavano mercanti fenici originari di Beirut. Per facilitare gli incontri, avevano fatto costruire nel quartiere nord ⑫ un edificio (9) che includeva un cortile con peristilio (F), una sala riunioni (E), un santuario dedicato alle divinità ancestrali (V) e magazzini (J-Q). I membri dell'associazione versavano un contributo annuo, seguivano un *nomos* (regolamento) e si riunivano periodicamente in assemblea per votare decreti ed eleggere il presidente, il segretario e i tesorieri. Le iscrizioni pervenuteci non permettono, purtroppo, di conoscere a sufficienza l'organizzazione degli Italici e gli storici hanno a lungo discusso sulla natura e sugli obiettivi del/dei loro raggruppamento/i. Sembrerebbe che, da un lato, esistessero delle associazioni commerciali che riunivano gli imprenditori italici secondo il tipo di attività – ritorneremo sull'argomento – e, dall'altro, associazioni a vocazione religiosa e culturale, chiamate *Italici* in latino e *Italoi* in greco (gli Italici), che raggruppavano individui originari della penisola italica. L'Associazione degli Italici si era installata in due luoghi centrali dell'isola, i cui

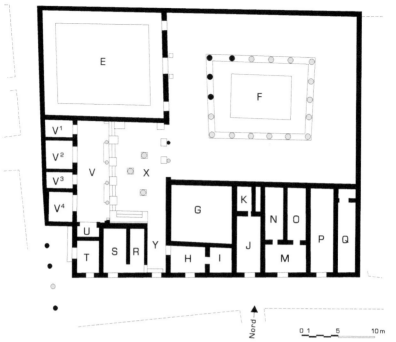

nomi antichi non ci sono noti: "l'Agorà dei Competaliasti" ①, piazza pubblica situata nella zona del porto, ospitava i suoi santuari, e "l'Agorà degli Italici" ⑧, presso il lato nord del santuario di Apollo, costituita da un vasto luogo di riunione e di ostentazione.

Non si è conservato alcun documento amministrativo degli Italici ma il nome dell'Associazione è presente in varie dediche onorifiche: ad esempio, si è a conoscenza che l'Associazione rese omaggio a uno dei suoi più influenti membri, Caius Ofellius Ferus, erigendo la sua effigie marmorea in una nicchia dell'Agorà degli Italici (10). Nella dedica incisa sulla base si legge: "Gli Italici hanno consacrato ad Apollo la statua di Caius Ofellius Ferus, figlio di Marcus, a ragione della giustizia e del riguardo dimostrati". Come vedremo, l'associazione degli Italici fu essa stessa oggetto di dediche: tutti i portici dell'Agorà degli Italici sono stati offerti "ad Apollo e agli Italici" da parte dei suoi membri e rappresentanti. È ragionevole pensare che, come per i Poseidoniasti di Berito, gli Italici abbiano obbedito ad un regolamento, organizzato assemblee ed eletto autorità incaricate di amministrare e rappresentare la loro comunità. Una ventina di dediche, per lo più bilingue, provengono da collegi formati dai 5 ai 12 Italici che portano il titolo di *magistri* in latino e di *Hermaïstai, Apolloniastai, Poseidoniastai* e *Kompetaliastai*

(11)

in greco (11 et box 3). Questi *magistri*, che indirizzavano le loro dediche alle divinità italiche e agli Italici probabilmente non erano le sole autorità dell'associazione ma erano, comunque, designati ad occuparsi dei santuari.

La classificazione delle iscrizioni fornisce informazioni sui quattro collegi, ciascuno votato ad una o più divinità greco-romane: i *magistri* di Mercurio (Hermes), chiamati *Hermaïstai* (Ermaisti) in greco, veneravano il dio del commercio e sua madre Maia, una antica divinità italica; i *magistri* di Nettuno (Poseidone), o *Poseidoniastai* (Poseidoniasti), onoravano il dio della navigazione; i *magistri* di Apollo, o *Apolloniastai* (Apolloniasti), rendevano omaggio al principale dio dell'isola; infine i *Kompetaliastai* (Competaliasti) – il cui nome latino non è attestato perché tutte le iscrizioni conservate sono in greco – adoravano i Lari Compitali, divinità romane delle strade e dei crocicchi. Se ci si attiene alle date di alcune iscrizioni, questi collegi erano periodicamente rinnovati, probabilmente ogni anno.

Si ignora quali fossero i criteri con i quali erano scelti ma si può constatare che uno stesso individuo poteva appartenere a due collegi differenti: ad esempio il liberto Aulus Cerrinius è stato Competalista e, successivamente, Ermaista. Spesso, più membri della stessa famiglia hanno esercitato il loro incarico nello stesso collegio, nello stesso anno o in anni successivi: presso i Paconii, si conoscono quattro Competaliasti e due Ermaisti. L'appartenenza ad un

(10)

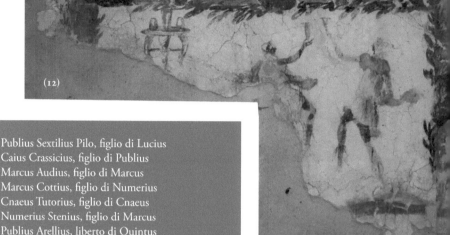

(12)

Publius Sextilius Pilo, figlio di Lucius
Caius Crassicius, figlio di Publius
Marcus Audius, figlio di Marcus
Marcus Cottius, figlio di Numerius
Cnaeus Tutorius, figlio di Cnaeus
Numerius Stenius, figlio di Marcus
Publius Arellius, liberto di Quintus
Tiberius Seius, liberto di Marcus
Numerius Tutorius, liberto di Caneus
Quintus Nummius, liberto di Lucio
Decimus Maecius, liberto di Lucius
Publius Castricius, liberto di Publius,
(essendo) magistri di Mercurio, Apollo e
Nettuno, hanno fatto costruire e dedicare (questa statua)
a Ercole, sotto il consolato di Caeus Papirius
e Caius Caecilius

(3)  *Dediche degli Ermaisti, Apolloniasti
e Poseidoniasti a Eracle, 113 a.C.* (ID 1753)

collegio era sicuramente segno di prestigio e d'influenza, ma era necessaria anche una certa dose di fortuna. Infatti, i *magistri* effettuavano numerose e costose offerte (statue, altari o templi), sia durante il loro esercizio annuo, sia dopo aver lasciato l'incarico: nel primo caso, le offerte erano probabilmente finanziate dall'associazione (in una sola dedica viene precisato che l'offerta era stata fatta "a loro spese"), ma nel secondo caso, si trattava di atti di evergetismo*.

La composizione dei collegi rispondeva comunque ad una ferrea regola: gli Ermaisti, gli Apolloniasti e i Poseidoniasti erano tutti uomini liberi di nascita o liberti, mentre il gruppo dei Competaliasti era formato da schiavi e qualche liberto. Nella penisola italica, il culto dei Lari Compitali era tradizionalmente affidato agli schiavi. È probabile che la creazione del collegio dei Competaliasti abbia risposto ad un doppio scopo: riunire gli Italici attorno ad un culto rappresentativo della loro religione di origine, ma anche integrare alla loro comunità gli schiavi di origine greca e orientale, molti dei quali non conoscevano le tradizioni dei loro padroni. Essere competaliasti permetteva loro di assumere un incarico ufficiale e di elevarsi socialmente, in un contesto economico dove molteplici erano le opportunità di arricchimento e di emancipazione. Ciononostante, gli Italici di nascita libera erano ben attenti a rimarcare la loro superiorità: se i liberti venivano integrati ai collegi degli Ermaisti, Apolloniasti e Poseidoniasti, erano infatti nominati per ultimi; inoltre, i tre collegi composti da uomini liberi effettuavano dediche comuni e non si univano mai ai Competaliasti; infine, come vedremo, quest'ultimi erano relegati nell'Agorà dei Competaliasti e nessun schiavo figura tra i donatori dell'Agorà degli Italici.

I *magistri* si occupavano dei quattro culti principali, ma si occupavano anche delle dediche effettuate a divinità secondarie. Le divinità recano nomi romani nelle iscrizioni latine, ma sono per lo più attestate con il loro nome greco. Mercurio (Hermes) e Maia erano venerati nei due santuari nell'agorà dei Competaliasti ① (p. 28-36). Nello stesso luogo i Competaliasti svolgevano i loro culti ai Lari Compitali, protettori dei crocicchi (*compitum*): sconosciuti ai Greci (da cui il nome *theoi*, "gli dei" come attestato in greco) erano raffigurati come due giovani uomini, gemelli, con tunica e danzanti con in mano un rhyton (boccale) (12). Gli Italici dedicavano loro, nell'ambito familiare, culti privati su altari costruiti accanto alle porte delle loro dimore in occasione della festa annuale dei *Compitalia* (p. 44-47).

Non sembra che gli *Italici* abbiano mai costruito dei santuari dedicati a Nettuno (Poseidone), ma lo veneravano nel *Poseidon* ⑩, santuario ateniese situato nell'Agorà di Teofrasto: è da questa area che provengono le dediche dei *Magistri* a Poseidone, inoltre un graffito latino, inciso sull'altare di Poseidone da un certo Caius Nerius, è dedicato a varie divinità greche e italiche (Eros, Apollo, Giove, Nettuno, Minerva e Mercurio).

È conservata una sola dedica degli Apolloniasti al principale dio dell'isola. Non si esclude che sacrificassero un bue in nome dell'Associazione degli Italici durante la festa ateniese delle *Apollonia*, come nel caso dei *boutrophoi* (allevatori di bovini) dei Poseidoniasti di Berito.

Infine, diverse divinità attestate nelle iscrizioni dei Competaliasti o rappresentate su pitture nelle porte di casa facevano parte del pantheon degli Italici: Ercole (Eracle), Minerva (Atena), Dioniso, Jupiter Liber (Zeus Eleuterio) così come le personificazioni di Pistis (La Buona Fede) e Roma.

L'Associazione degli Italici aveva dunque una vocazione sia religiosa, che permetteva agli Italici di adorare i propri dei, sia sociale: bisogna immaginarla come una sorta di "club" che incoraggiava gli incontri e l'aiuto reciproco tra i suoi membri, rafforzando e regolando i loro legami, qualunque fosse la loro origine geografica e sociale. Ad ogni modo, all'interno di questo eterogeneo gruppo esistevano rivalità e tensioni. Lo testimonia una tavoletta di maledizione* in rame, rinvenuta nella necropoli di Rineia, sulla quale un certo Titus Paconius maledice in lingua latina 21 dei suoi nemici, per lo più italici, quattro dei quali membri della sua stessa famiglia (box 4)!

L'associazione aveva, comunque, anche degli scopi politici. Se da una parte incoraggiava la socialità tra i suoi membri, dall'altra cercava soprattutto di mostrarsi come la comunità più potente dell'isola. Gli Italici, molto numerosi, avevano dalla loro parte la protezione (per lo meno simbolica) di Roma, la quale aveva consegnato Delo agli Ateniesi e che continuava ad avere un peso sulla vita politica, religiosa ed economica dell'isola. Gli Italici avevano ottimi legami con i magistrati romani che facevano tappa a Delo: oltre ai legami di Caius Julius Caesar con i mercanti d'olio e sui quali ritorneremo, possiamo menzionare Lucius Munatius Plancus, onorato nell'88 a.C. nell'Agorà degli Italici dagli "Italici e dai Greci che commerciano a Delo", e anche Caius Billenius, che ricevette, durante il suo mandato di ambasciatore, una statua da "coloro che fanno affari a Delo" e un'altra, in qualità di proconsole* dell'Asia, da parte dell'amico Midas, figlio di Zenone, di Eraclea di Lucania (13).

Per questa ragione, nelle dediche comuni che la popolazione offriva regolarmente ai magistrati ateniesi e romani, gli Italici erano sempre menzionati dopo gli Ateniesi e prima degli altri stranieri: è ciò che si riscontra sulla base della statua dell'epimeleta di Delo Teofrasto (14), eretta dagli "Ateniesi, dai Romani e da

(Che siano maledetti) Lucius Paconius il Vecchio, Quintus Tullius figlio di Quintus [...], Numerius Cottius figlio di Numerius [---], Caio Seius Cheilo figlio di Caius, [...]ius Aristomachus, Caecilius figlio di Lucius [...],Quintus Samiarius Arc[---] figlio di Marcus, Manius Satricanius Arc[---], Aulus e Quintus Paconii figli di Marcus, Herakleides, Antipatrus, [---], Heliodorus, [---]TIV[---], Demetrius, Caius, Seuthes il giurista, Serapion figlio di Serapion, Publius Granius Alexandrus, [---]tius Aeg[---] figlio di Decimus, [--]cius Neiceporus, Cnaeus Paconius Apolloni[us], i Mari(i) Gerrillanni [---], Nemerius e Marcus Raii, e tutti coloro che sono nemici di Titus Paconius!

(4) *Tavoletta di maledizione di Rineia* (ID 2534)

altri stranieri residenti e di passaggio a Delo". Dietro l'appellativo di "Romani" si ritrovano non solo gli Italici, ma anche un gruppo più numeroso comprendente i mercanti e i naucleri italici* che facevano tappa nell'isola: pur non essendo tutti cittadini romani, preferivano designarsi tali per dimostrare la loro vicinanza al potere romano. Allo stesso modo, si osserva un utilizzo strategico del latino nelle iscrizioni ufficiali degli Italici: mentre il greco è la lingua comune a tutta la popolazione dell'isola, e usata dagli Italici nelle questioni private, i *magistri* in carica redigono dediche bilingue proprio per sottolineare la specificità del loro gruppo etnico. Infine, per datare le loro iscrizioni, questi menzionano non soltanto l'epimeleta ateniese dell'isola ma anche i consoli\*, un altro modo per confermare il loro legame con lo Stato romano (box 3).

Abbiamo quindi a che fare con un gruppo ben organizzato e influente, a servizio del successo sociale e della prosperità economica dei suoi membri.

(14)

## LE ATTIVITÀ REDDITIZIE: IL COMMERCIO E LA BANCA

Oltre alla loro origine geografica, gli Italici erano uniti da comuni interessi professionali: la loro attività principale, se non l'unica, era il commercio. Come gli altri abitanti di Delo, sono citati nelle dediche comuni come *emporoi*, commercianti di lunga data che importavano ed esportavano merci, *nauklèroi* (armatori), proprietari di barche che assicuravano i trasporti, o *trapezitai*, ossia banchieri.

Si sa molto poco degli armatori e del trasporto delle merci. L'area portuale è poco conosciuta e nessun relitto è stato ancora ritrovato vicino a Delo; ciononostante, i graffiti incisi sugli stucchi delle pareti delle case di Delo rappresentano, oltre a molte navi da guerra, anche alcune navi mercantili (15). Si trattava, all'epoca, di barche a vela a scafo tondo, con una lunghezza media dai 15 ai 25 m, e talvolta fino a 40 m. Se le iscrizioni non ci testimoniano della presenza di armatori

tra gli Italici, un frammento di una dedica ci narra di due marinai italici, che si rivolgono ai Dioscuri* salvatori, in loro nome e a in quello dei *ploizomenoi* (marinai): senza dubbio dovevano essere scampati a un naufragio. Altri furono meno fortunati: la stele funeraria del romano Spurius Granius, figlio (o liberto) di Aulus, raffigura un uomo attonito, seduto su uno scoglio che contempla una nave naufragata con tre passeggeri a bordo (16). Questo tipo di rappresentazione, ricorrente a Rineia, fu scelta per i cenotafi* dei naufraghi.

Nel secondo discorso di Cicerone contro Verre, nel 70 a.C, si ricordano i beni confiscati ai mercanti italici giunti in Sicilia dall'Oriente: "Essi riguardavano i mercanti di porpora di Tiro, quelli degli incensi, dei profumi, dei tessuti di lino; molti dei gioielli e delle perle; alcuni dei vini greci o degli schiavi comprati in Asia, in modo che, dagli oggetti del loro commercio, si potesse giudicare i luoghi da cui provenivano". Sebbene non si specifichi l'isola di Delo, questo passaggio dà un'idea dei prodotti che gli Italici acquistavano dai mercanti orientali. Se si deve credere al geografo Strabone, gli schiavi costituivano la "merce" più importante: "Essi trovavano a Delo un grande e ricco mercato che poteva in un solo giorno ricevere e vendere diverse migliaia di schiavi, da cui il proverbio spesso citato: andiamo, presto, mercante, tratta, scarica, tutto è venduto". Tuttavia, nessuna iscrizione a Delo menziona questo tipo di traffici.

Siamo, al contrario, piuttosto informati sui prodotti importati dagli Italici a Delo, principalmente olio e vino, a complemento dei carichi di anfore e ceramiche italiche. I mercanti d'olio, in particolare, avevano fondato un'associazione professionale che portava il loro nome (*Olearii* in latino ed *Elaiopôlai* in greco) posti sotto la protezione di Ercole (Eracle) e Mercurio (Ermete) cui avevano dedicato un tempietto. La loro sede era probabilmente situata nell'*emporion*\*, a sud dell'Agorà dei Competaliasti ①, dove sono state scoperte due dediche (p. 37): una, su una base di statua, è un omaggio degli *Olearii* al proconsole Caius Julius Caesar (padre e omonimo del famoso dittatore), che fu governatore della provincia romana dell'Asia nei primi anni del I secolo a.C. L'altra dedica

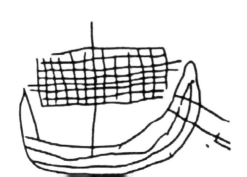

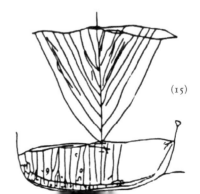

(15)

Gli Italici a Delo

riporta il nome di questo stesso magistrato, inciso su un *sekoma*\* (17): questa tavola di marmo, la cui parte forata era anticamente sormontata da un cilindro di bronzo, serviva per misurare la quantità di olio durante la vendita. Si deve concludere che gli *Olearii* avevano relazioni strette con il potere romano, tanto che il dono al summenzionato proconsole fu fatto a seguito di una legge stabilita da Atene che modificava i pesi e le misure, onde facilitare la conversione tra il sistema di misura ateniese e quello romano.

L'olio italico proveniva principalmente dal sud della penisola e veniva trasportato in grosse anfore, dette "anfore di Brindisi", alcune delle quali furono scoperte a Delo (18a): una parte era destinata alla popolazione residente e il resto ridistribuito nel Mediterraneo orientale. Allo stesso modo, il commercio del vino è attestato da una sola dedica dei mercanti di vino (*Oinopôlai* in greco) e da una quantità impressionante di anfore da vino italiche. Predominano due tipologie di anfore, come in molti siti del Mediterraneo orientale: le Lamboglia 2, originarie della costa adriatica, e Dressel 1A e 1C, provenienti dalla costa tirrenica (18b-d). In un quartiere di botteghe situato a nord-est dell'Agorà degli Italici, sono state rinvenute *in loco* una sessantina di anfore, tutte di provenienza italica, interrate, alcune delle quali con un coperchio di ceramica sigillato con malta. Si tratta con tutta evidenza di una bottega dove i *negotiatores* conservavano il vino importato dalla penisola italica.

Oltre al commercio, anche le attività bancarie sembrano essere state una prerogativa degli Italici: a parte Filostrato di Ascalona, che riuscì ad integrarsi nella comunità degli Italici divenendo cittadino napoletano (p. 13), non si conosce alcun banchiere, greco o orientale, a Delo. I banchieri accettavano depositi di denaro, effettuavano operazioni di cambio e prestavano denaro dietro interesse: avevano dunque un ruolo importante nell'*emporion* di Delo. È per questo che venivano onorati in varie occasioni: alla fine del II e all'inizio

(17)

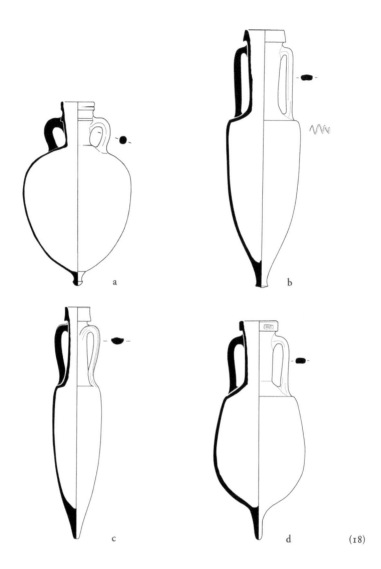

a     b

c     d     (18)

del I secolo, al banchiere Marius Gerillanus figlio di Marius furono offerte tre statue da diversi gruppi di mercanti greci e italici che ne celebrarono il merito e le qualità di brav'uomo. È curioso notare, però, come questo personaggio non suscitò sempre unanimi consensi, visto che fu maledetto da Titus Paconius nella summenzionata tavoletta di Rineia (box 4)…

Un altro banchiere, Marcus Minatius figlio di Sesto, è ben noto per il decreto onorario votatogli dai Poseidoniasti di Berito nel 149/8 a.C. L'associazione fenicia aveva avuto in prestito una grossa somma per metter su la propria istituzione (9) e cercava altri fondi per completarla. Fu allora che Minatius rinunciò agli interessi della somma già prestata e gli offrì anche 7.000 dracme in più. È lecito domandarsi le ragioni di tanta generosità, che testimonia la prosperità del banchiere italico fin dai primi decenni dell'ascesa dell'*emporion* di Delo: senza dubbio intratteneva già affari con i mercanti di Berito sperando così di rafforzare la collaborazione, divenendo membro a pieno titolo dell'associazione. Per ringraziarlo, quest'ultima gli offrì molti onori e benefici: una corona, una statua, un'effigie dipinta, l'offerta di un bue a suo nome durante le *Apollonia*, l'esenzione da ogni contributo economico e il diritto di portare uno o due ospiti di sua scelta alle feste in onore delle divinità ancestrali.

Con molta probabilità i banchieri italici esercitavano la loro attività sull'antica Agorà dei Delii (3), che aveva assunto il nome di "Tetragone" dopo il trasferimento dell'agorà* in quella di Teofrasto (9) (19): su questa piazza fiancheggiata da portici, i cui uffici e botteghe erano affittati dall'amministrazione ateniese, sono state scoperte tre dediche in onore di banchieri italici. Quest'ultimi ospitavano i loro uffici anche all'interno delle loro case, dove vi conservavano atti

(19)

e contratti relativi ai propri e altrui affari. La "Casa dei sigilli" (13), distrutta da un incendio nel 69 a.C., è stata forse abitata da due banchieri italici. Vi si sono rinvenute quasi 15.000 palline di argilla, recanti circa 26.000 impronte di sigilli* che erano apposti su documenti redatti su papiro. Una sessantina di calchi recano incisi nomi italici (20). Tra i resti, sono stati rinvenuti anche frammenti di due busti marmorei (21) che offrono un sorprendente ritratto di due uomini maturi a torso nudo con un mantello gettato sulle spalle alla maniera di Caius Ofellius (10), dall'aspetto severo e altezzoso. Si è tentati di riconoscervi i due banchieri italici possessori della casa la cui attività doveva essere, evidentemente, molto prospera.

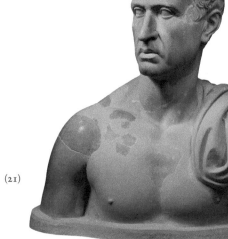

(21)

Questa panoramica sulle attività degli Italici di Delo permette di comprendere quanto redditizio fosse il loro commercio. Più di ogni altra comunità, gli Italici hanno messo il loro benessere economico a servizio della loro immagine e non hanno mai smesso di mostrarsi come i veri protagonisti a Delo. Abbiamo già più volte ricordato le loro offerte a divinità italiche e straniere e le statue onorifiche da loro finanziate, individualmente o collettivamente. A ciò si aggiunge la loro ricorrente partecipazione alla costruzione di edifici, testimonianza di atti di evergetismo: così come Marcus Minatius contribuì alla costruzione dell'edificio dei Poseidoniasti di Berito, furono gli Italici a finanziare, in varie fasi, l'insieme dell'Agorà degli Italici. Come vedremo, gli otto portici, l'esedra, il *laconicum\** delle terme (22) portano i nomi delle persone o dei gruppi di persone che le fecero erigere. Tra loro figurano in modo particolare i *magistri* dopo il loro ritiro dalla carriera. Assistiamo quindi ad un aumento di donazioni che nasce sia da un'emulazione all'interno della comunità italica, sia da una strategia comune, ben ponderata, di occupazione degli spazi. Per questo gli Italici sono gli unici forestieri di cui troviamo traccia in molti edifici pubblici o privati, a vocazione religiosa, economica o sociale.

(22)

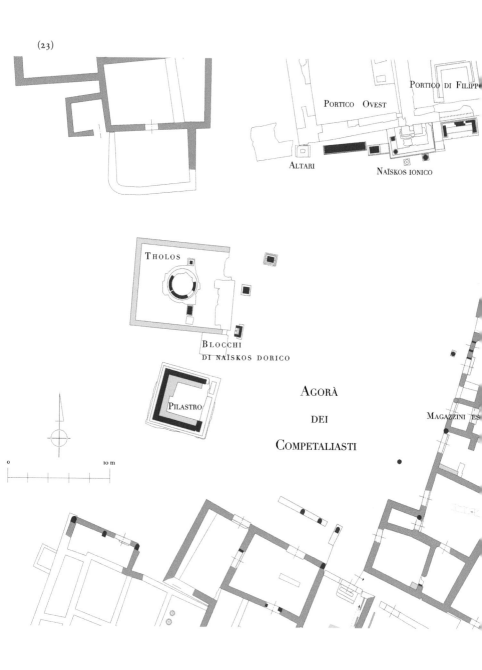

(23)

PORTICO OVEST

PORTICO DI FILIPPO

ALTARI

NAÌSKOS IONICO

THOLOS

BLOCCHI
DI NAÌSKOS DORICO

PILASTRO

AGORÀ

DEI

COMPETALIASTI

MAGAZZINI ES

0               10 m

# I luoghi di vita degli Italici: dai santuari di quartiere ai monumenti ostentatori

*I luoghi di vita degli Italici saranno presentati in un ordine tematico e geografico. I passaggi in corsivo propongono un itinerario di visita della durata di 1 ora e 30 minuti (senza le deviazioni puntualmente suggerite). La necropoli di Rineia, inaccessibile, non sarà presa in considerazione ma si potranno ammirare alcune stele funerarie italiche presso il Museo Archeologico di Mykonos.*

## L'AGORÀ DEI COMPETALIASTI E I SANTUARI UFFICIALI DEGLI ITALICI

All'imbocco del molo, si scoprono i primi resti di quella che fu una pubblica piazza dove gli Italici avevano collocato i loro santuari ① . Gli archeologi l'hanno denominata "Agorà dei Competaliasti" (23 e 53) o "Agorà degli Ermaisti" per le numerose dediche dei *magistri* che qui sono state ritrovate, anche se la sua denominazione più antica resta sconosciuta.

Questo ampio piazzale lastricato era stato creato su quella che anticamente era una palude costiera durante i lavori di sviluppo del porto effettuati dall'epimeleta dell'isola Teofrasto, poco prima del 125 a.C. Esso era collocato nel cuore dell'*emporion*, un'area del porto riservata al commercio internazionale, estesa dal Portico Ovest fino alla baia a sud del Magazzino delle colonne. La linea di costa è profondamente mutata fin dall'Antichità in seguito al relativo innalzamento del livello del mare di circa 2,50 metri e dalla creazione, con materiale di riporto, del moderno molo. Nel II sec. a.C., il porto sembrerebbe che fosse costituito da un bacino poco profondo, delimitato da una spiaggia dove venivano rimorchiate le imbarcazioni di piccolo tonnellaggio mentre quelle più grandi restavano ancorate in rada. Questo bacino si trovava a nord-ovest dell'Agorà dei Competaliasti che era probabilmente, come lo è oggi, il principale approdo dell'isola e dell'*emporion*. Ciò mette ancor più in evidenza l'influenza degli Italici: mentre le altre comunità veneravano i loro dei all'interno di edifici privati, gli Italici avevano ottenuto l'autorizzazione a costruire santuari in una piazza pubblica, ostentando, a tutti, i loro dei, le loro ricche offerte e i loro nomi incisi nelle iscrizioni.

L'Agorà dei Competaliasti, luogo obbligato di passaggio, era il crocevia di diverse strade: sul lungomare, una conduceva a nord all'Agorà di Teofrasto ⑨, dove si svolgeva il commercio locale, e l'altra a sud conduceva alle botteghe e ai magazzini dell'*emporion* ②. A nord-est, attraverso la Strada dei Portici si raggiungeva il santuario di Apollo o il Tetragone (Agorà dei Delii ③). Ad est, due strade portavano alle zone residenziali meridionali della città e al teatro. La piazza era delimitata, a nord, dal lato corto di due portici addossati l'uno all'altro: il Portico Est, prospiciente il porto, era dedicato agli scambi e ospitava l'epimeleta dell'*emporion*, un magistrato ateniese che sovrintendeva ai transiti commerciali; il Portico di Filippo, ai margini del Dromos (via sacra) che conduceva al santuario di Apollo, luogo piuttosto ombroso e utilizzato per il passeggio. Sugli altri due lati della piazza si notano i muri di isolati abitativi in cui erano collocate anche le botteghe. Quelle della facciata orientale si aprivano su un modesto portico, oggi murato, le cui colonne eteroclite sostenevano un rialzamento del piano. A sud, al posto della spianata, furono costruite in epoca imperiale case delimitate da due portici di pilastri a semicolonne marmoree. Infine, al centro della piazza, un basamento marmoreo a gradino sorreggeva un monumentale pilastro alto una decina di metri, probabilmente destinato ad una statua di un magistrato romano su carro (vedi 33). Ad eccezione di questa straordinaria offerta e di alcune basi ed esedre, tutti i monumenti della piazza furono dedicati dai *magistri* italici.

**Il naiskos\* ionico degli Ermaisti**, addossato al muro del Portico Ovest e del Portico di Filippo, a nord della piazza, era dedicato al dio romano Mercurio (Hermes in greco) e a sua madre, la ninfa Maia. Se ne conservano solo le fondamenta (24) ma si riconoscono facilmente i due gradini del crepide\* su cui rimane, sul lato sinistro, la parte inferiore di una colonna e un'anta. Sia sul monumento che intorno ad esso si trovano altri blocchi di un probabile prostilo\* a quattro colonne, di ordine ionico o corinzio, i cui capitelli non sono conservati (25). La dedica frammentaria incisa sull'architrave\* ci indica che il tempio fu costruito da un collegio di sei Ermaisti. All'interno si notano i plinti delle due basi delle statue di Mercurio e Maia, che erano protette da transenne marmoree tra colonne. Davanti al naiskos sono eretti, a destra, un altare cilindrico decorato con ghirlande e bucrani\* e, a sinistra, una cassetta per le offerte con la dedica di Caius Varius liberto di Caius. La base era provvista di un foro nel quale i fedeli lasciavano cadere il denaro, che veniva raccolto

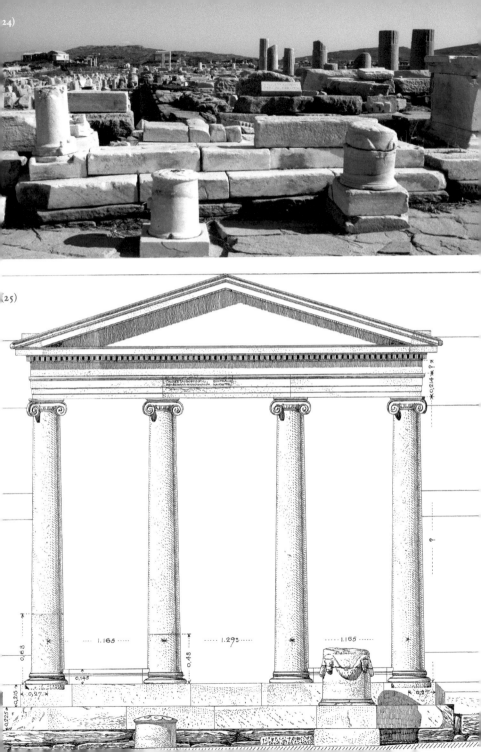

24)

25)

sollevando la parte cilindrica, disgiunta dalla sua base quadrata; esso è ornato da due serpenti scolpiti nel marmo e da un caduceo in bronzo, attributi del dio Mercurio (26). Tracce visibili sul primo gradino del crepide indicano che altre offerte, probabilmente piccole basi di statue, vi erano state egualmente scolpite.

Al centro della piazza, **la tholos dei Competaliasti** era un tempio dei Lari Compitali, divinità romane protettrici dei crocicchi. A differenza del naiskos di Mercurio e Maia, che si affaccia direttamente sul piazzale, la tholos è circondata da un peribolo, un basso muretto in pietra un tempo stuccato, che delimita una piattaforma rettangolare, rialzata rispetto alla pavimentazione (27). Il tempio aveva la forma, unica a Delo ed estremamente rara a quel tempo, di una tholos* monoptera di marmo che ospita le statue di culto (28). Delle quattro colonne è sopravvissuto un solo basamento, adagiato sul crepide, ed è impossibile stabilire se si sia trattato di ordine ionico o corinzio. Il tetto conico era ornato di motivi a scaglie di pesce, secondo un modello che in seguito divenne molto popolare nel mondo romano. Bisogna supporre la presenza di un pannello di controsoffitto che poggiava sulle cornici rettilinee dietro i blocchi di trabeazione*, il cui peso compensava il grande sbalzo della parte superiore dell'edificio sopra le colonne. Questa tholos, eccezionale per forma e tecnica architettonica, si distingue per l'assenza della ricca decorazione scultorea che generalmente caratterizza questo tipo di edifici.

La dedica frammentaria, iscritta sull'architrave, proviene da cinque liberti e da uno schiavo italici che sicuramente erano componenti di un collegio di Competaliasti. Un'iscrizione riportante le stesse figure è stata scolpita su un frammento del basamento che sorreggeva le statue dei Lari Compitali all'interno della tholos. Davanti al tempio (28 e 29), infine, doveva essere presente un piccolo altare monolitico marmoreo, ora collocato lungo il Portico Ovest: il piccolo altare è scolpito con un rilievo che rappresenta le divinità gemelle, poste faccia a faccia, che sorreggono una gamba in un movimento di danza, tenendo un ramo di alloro sulla spalla. L'iscrizione incisa tra i Lari ricorda la consacrazione dell'altare, del tempio e delle statue divine.

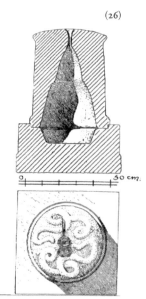

(26)

50 cm.

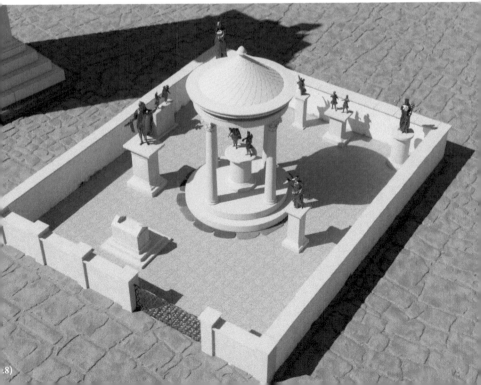

(30)

(29)

**Il naiskos dorico degli Ermaisti**, di cui restano solo sette frammenti di trabeazione, apparteneva a un terzo santuario italico (30 e 31). Sul suo architrave, adagiato su una fondazione in muratura a sud della tholos, si legge la dedica bilingue di un collegio di Ermaisti a Mercurio (Hermes) e Maia. Poiché questi blocchi sono stati scoperti sull'Agorà dei Competaliasti, è probabile che l'edificio si trovasse nello stesso luogo anche se le sue fondamenta sono scomparse, forse a causa dell'innalzamento del livello del mare, o forse a causa delle abitazioni tardive costruite sul piazzale.

Sull'Agorà dei Competaliasti, e in particolare lungo il Portico Ovest, si possono osservare anche **gli altari e le basi delle statue** offerte dagli Ermaisti e dai Competaliasti. Queste offerte provengono senza dubbio dai tre santuari ma sono così numerose che alcune potrebbero aver trovato posto sul piazzale (33). Le dediche abbreviate incise sugli altari indicano che i *magistri* solevano consacrare contemporaneamente un altare e una statua a varie divinità come Eracle, Atena o Maia. Le statue in bronzo, i cui piedi erano incastrati e sigillati con piombo in cavità scavate sulle basi, erano di varie dimensioni: a est della tholos, un grande basamento degli Ermaisti ospitava una statua di Mercurio di dimensioni umane mentre, altrove, lo stesso dio, posto su un piccolo basamento monolitico a nord della piazza, misurava non più di 80 cm. Gli altari cilindrici, posti su plinti modanati, sono ornati di ghirlande e bucrani secondo un modello diffuso a Delo e Rineia: si osservano in particolare, a nord del piazzale, quello di Ercole in marmo azzurro (32) e quello di Atena in marmo rosa.
Le numerose offerte testimoniano non tanto la devozione degli Italici verso le loro divinità quanto, piuttosto, un desiderio di ostentazione. Colpisce il fatto che tutte le consacrazioni furono effettuate nell'ambito ufficiale dell'associazione

degli Italici, in quanto emanate dai collegi dei *magistri* in carica o fuori carica. Nessun italico ha fatto una dedica individuale nei santuari di Mercurio e Maia o in quello dei Lari, sebbene siano molti, come si è visto, ad esprimere la loro devozione verso gli dei egizi e siriaci (p. 11-12). Il naiskos ionico e la tholos, anche se indicati nelle iscrizioni come templi, erano di fatto baldacchini destinati a mettere in risalto le statue divine ma non consentivano la conservazione delle piccole offerte che sono invece attestate in altri santuari (gioielli, vasi, statuine o oggetti vari): senza dubbio, le divinità italiche non ricevevano questo tipo di offerte.

I rituali non ci sono noti. Poiché l'associazione fenicia dei Poseidoniasti di Berito aveva creato una festa annuale per il suo dio omonimo, le *Poseidonia*, è probabile che anche gli Italici celebrassero ogni anno in onore di Mercurio e Maia le *Hermaia* nei due santuari dell'Agorà dei Competaliasti: potremmo dunque immaginare una processione e un sacrificio dei *magistri* davanti al naiskos, anche se nessuna fonte ce lo conferma. La festa dei *Compitalia* in onore dei Lari Compitali è, invece, documentata da numerose pitture rinvenute in abitazioni e botteghe, e sulle quali torneremo: se i sacrifici che vi sono rappresentati sono stati compiuti in un contesto privato, è possibile che i *ludi*\* abbiano, al contrario, avuto luogo sul piazzale dell'Agorà dei Competaliasti.

(32)

# I MAGAZZINI SUL LUNGOMARE E IL COMMERCIO DI OLIO E VINO

*Dall'Agorà dei Competaliasti, ci dirigeremo a sud sulla via del Lungomare, e raggiungeremo i Magazzini α (alpha), β (beta) e γ (gamma)* ② *, luoghi di vendita e di stoccaggio dell'*emporion.

Fu certamente in questi edifici commerciali che avevano la loro sede gli *Olearii*, associazione di mercanti italici d'olio, senza che se ne conosca la precisa ubicazione: il *sekoma* di C. Julius Caesar (17) e la base della sua statua (p. 21-23) sono stati scoperti, il primo, sulla strada di fronte ai Magazzini β e γ e l'altra in una bottega a nord del Magazzino α. Anche l'unica dedica dei commercianti di vino conosciuta (p. 23) proviene da questo settore.

I Magazzini α e β presentano una medesima organizzazione interna (34). Attraverso un vestibolo centrale si accede ad un vasto cortile interno lastricato, che dà accesso su tre lati ad ampie stanze, talvolta munite di finestre. Nei Magazzini β e γ (35), il cortile è fiancheggiato da portici con colonne marmoree che, al piano superiore, davano accesso ad altri ambienti delle stesse dimensioni:

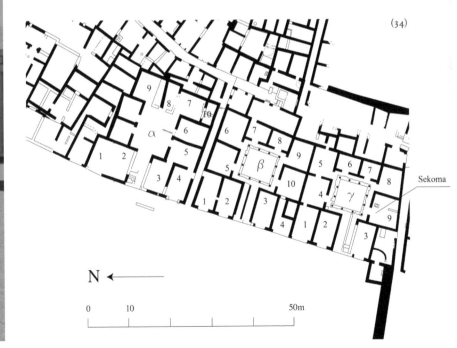

(34)

Sekoma

N ◄────────

0    10                            50m

---

I luoghi di vita degli Italici: dai santuari di quartiere ai monumenti ostentatori

indipendenti dal piano terra, questi erano serviti da una scala in legno posta in un lungo corridoio parallelo al vestibolo. Di fronte ai magazzini, altri ambienti si aprono sulla strada attraverso ampie campate: alcuni presentano due soglie, una per il piano terra e l'altra per una scala che portava ad una stanza al piano superiore. L'esame delle cavità presenti nelle soglie rivela che ciascuna delle stanze ha avuto nel tempo più sistemi di chiusura (le porte facevano parte del mobilio che veniva smantellato all'abbandono dai locali). Si tratta quindi di edifici in cui i vari locali erano indipendenti, con la possibilità di essere adibiti a persone e ad usi diversi.

In ciascuno dei tre edifici, è stato trovato un *sekoma* utilizzato per la misura di grandi quantità di prodotti liquidi: l'unico intatto, identico a quello di C. Julius Caesar (p. 23), si trova nella stanza 9 del Magazzino γ. Si tratta di una tavola marmorea, anticamente poggiata su piedi, scavata da una cavità emisferica nella quale era incastrato un cilindro metallico, probabilmente graduato. Il foro veniva tappato prima di versare olio o vino, che, una volta misurati, confluivano in un recipiente posto sotto il tavolo. Si osserverà la piccola bacinella di sfiato destinata a raccogliere il liquido che si sarebbe accidentalmente versato.

Questo *sekoma*, come gli altri tre, presenta una dedica di Ariarate, l'epimeleta dell'*emporion* incaricato di assicurare la regolarità delle transazioni nel porto commerciale. È probabile, quindi, che i Magazzini α, β e γ ospitassero, sotto il controllo della città ateniese, i mercanti di olio e di vino, e che servissero da uffici, luoghi di deposito e di vendita.

*Dopo aver visitato i magazzini sul lungomare, prenderemo la via tra i Magazzini α e β, per poi prendere la prima strada a sinistra e successivamente la seconda a destra. Quest'ultima conduce a un sentiero tortuoso che seguiremo in direzione est fino all'Aphrodision e, a seguire, la Casa dell'Hermes* ④.

## LE DIMORE DEGLI ITALICI E LA FESTA DEI *COMPITALIA*

Se a Delo è facile riconoscere i santuari ufficiali degli Italici e intuirne la presenza nei magazzini dell'*emporion*, molto più complesso è cercarne le tracce nelle abitazioni private. Eppure, nessun sito greco offre resti di abitazioni così ricche e varie come a Delo. All'epoca in cui l'isola divenne ateniese e vi si stabilirono i primi stranieri, le abitazioni erano concentrate a sud del santuario di Apollo, sulla collina del teatro e nella valle di Inopos. Man mano che la popolazione accrebbe, furono costruiti nuovi quartieri residenziali a nord e a est del santuario, così come sulla sponda orientale sotto lo stadio. Nei settori antichi e recenti, la lussuosa decorazione di alcune case testimonia la ricchezza degli abitanti anche se, a parte rare eccezioni, è impossibile conoscerne la nazionalità. Gli stranieri, infatti, non erano raggruppati in quartieri e l'uniformità architettonica delle case non rispecchiava in alcun modo il cosmopolitismo degli abitanti, le cui attività, culti e stili di vita, come si è visto, erano molto simili. Inoltre, tutto fa pensare che le popolazioni si siano mescolate e si siano influenzate vicendevolmente: se gli italici importarono dalla loro patria un po' di elementi architettonici o decorativi, questi furono presto imitati e la presenza, ad esempio, di un peristilio campano* nella Casa dei Tritoni non significa necessariamente che i suoi occupanti fossero di origine italica. Va anche tenuto conto anche che le case ebbero diversi proprietari e che in molti casi gli Italici hanno ereditato edifici progettati da altri.

Tuttavia, alcuni indizi ci permettono di identificare le case italiche. In qualche abitazione, alcune iscrizioni con dediche incise da Italici rivelano che gli stessi

I luoghi di vita degli Italici: dai santuari di quartiere ai monumenti ostentatori

hanno, per un certo periodo, occupato quelle dimore. Nel vestibolo della casa E
nella via dell'Est ⑥, una dedica di Spurius Stertinius ad Artemide Soteira è
inserita in una nicchia dove riposava la statuetta della dea, ora scomparsa (36).
Modesta l'abitazione dove visse questo personaggio, noto per la sua religiosità
(p. 12): poche stanze di varia metratura si aprono su un cortile lastricato, senza
peristilio né decorazioni. La casa IC nel quartiere dello Stadio ⑮ apparteneva
alla famiglia dei Tullii: tra i resti sono state trovate due basi marmoree sul
secondo piano, una delle quali recante la dedica bilingue di tre liberti al loro
padrone Quintus Tullius (p. 9-10 e 4). All'esterno, ai lati della porta d'ingresso, il ritrovamento di un notevole insieme di dipinti religiosi dei *Compitalia*
conferma la nazionalità degli occupanti (37): su questo torneremo più avanti.
Ma dirigiamoci, per il momento, alla ricca dimora dei Paconii, situata nel
quartiere dell'Inopos.

**La Casa dell'Hermes** (4), una delle dimore più grandi e lussuose di Delo, si sviluppa su tre livelli sul fianco della collina del teatro (38). Vi si accede dal lato nord attraverso il portone principale, alla cui destra, durante lo scavo, sono emersi alcuni resti di un altare e dipinti dei *Compitalia*; un altare in muratura e una nicchia annessa alla casa antistante probabilmente appartenevano allo stesso complesso. Il vestibolo dà accesso a una latrina, una piccola cucina e un bagno dotato di semicupio in terracotta. Si accede quindi al cortile (39), delimitato su tre lati da portici dorici a due piani e, sul quarto, da un muro di contenimento forato con due nicchie: la maggiore, da cui sgorgava una sorgente che alimentava una cisterna, ospitava la statua di un ninfa. Sul cortile si aprono, a nord, un grande salone di rappresentanza (*oecus*), che a sua volta dà accesso a due stanze di servizio, e, a est, una piccola sala da pranzo dove lungo le pareti erano disposti i triclini, su uno spazio leggermente rialzato: unico esempio a Delo, vi riconosciamo il tipico *andrôn* delle case greche di Olinto e Priene, dove il padrone di casa riceveva a cena i suoi amici. Notiamo che le pareti del pianterreno erano ricoperte da stucchi e decorazioni pittoriche molto elaborate e che la casa era adornata da numerose statue e statuine di divinità, tra cui una firmata da Prassitele. Due scale portano al primo piano dove diversi ambienti, non più esistenti, si aprivano sulla galleria sovrastante i tre portici. Si passa quindi, per una scala più stretta, al secondo piano composto da stanze di dimensioni e decorazioni più modeste. All'angolo sud-est della prima sala a sinistra, una nicchia ospitava tuttavia un notevole pilastro ermaico* con testa arcaica (ora esposto al museo, 40). Sulla sua base iscritta, la dedica greca di Dionysios Paconius il Giovane, schiavo di Cnaeus, è rivolta ad Hermes e ai "suoi compagni", probabilmente altri schiavi della *gens* riuniti in un collegio cultuale domestico: il testo è infatti datato grazie alla menzione del "sacerdote di Artemide Soteira", un certo Antiochos Paconius. Se l'esatta natura di questo gruppo non ci è chiara, l'iscrizione ha il merito di illuminarci su diversi aspetti: in questa casa abitava la famiglia italica dei Paconii, e il secondo piano era senza dubbio occupato dagli schiavi; uno di loro vi fece installare una statua di ottima fattura di Hermes, ispirata a modelli arcaici, che la dice lunga sul suo livello culturale ed economico nonostante il suo stato servile; infine, gli schiavi erano associati ai culti domestici

(38)

(39)

dei Paconii, i quali sembrano aver particolarmente venerato il dio del commercio. Infatti, altre cinque statue o statuette di Hermes sono state rinvenute in diverse parti dell'edificio. Dopo aver osservato l'ultima scala che conduceva alla porta superiore e al terzo piano dalla casa, oggi scomparso, scenderemo nel cortile dove si trova un altro pilastro ermaico sotto il portico ovest (un terzo pilastro, con testa giovanile e glabra, esposto al museo).

I Paconii furono un'influente famiglia italica: sono noti ventitré membri, sei dei quali *Magistri* e altri cinque che parteciparono a sottoscrizioni in favore di divinità egizie. Altri quattro furono sepolti a Rineia. A questa famiglia appartiene anche Titus Paconius, l'autore della tavoletta di maledizione già menzionata (p. 18 e box 4). Sebbene le loro attività siano sconosciute, la loro dimora fornisce un'esemplare testimonianza di quello che era la vita privata di una famiglia italica benestante.

*Usciti dalla Casa dell'Hermes si svolta a destra e poi subito a sinistra lungo un sentiero che conduce al museo. Si può anche, prendendo la diramazione di destra, fare una deviazione attraverso il Serapeo A e la Terrazza degli Dei Stranieri (⑲, ⑱, ⑰) e visitare i santuari delle divinità egizie e siriache, che contavano tra i loro fedeli molti Italici (p. 11-12). Da lì ci dirigeremo al museo ⑤ alla scoperta degli altari e dei dipinti religiosi dei Compitalia, esposti nella prima sala a sinistra (41).*

Se alcune rare iscrizioni hanno permesso di identificare le abitazioni italiche, **le pitture religiose**, del tutto eccezionali, offrono un'immagine viva e "colorata" dei suoi abitanti: eseguite sulle facciate esterne delle case, nelle nicchie e sugli altari in muratura ad esse addossati, esse raffigurano la festa romana dei *Compitalia*. Queste pitture furono regolarmente ridipinte e vi si trovano fino a dodici strati di intonaco sovrapposti, in cui si ripetono frequentemente gli stessi temi. Gli scavi hanno portato alla luce più di trenta gruppi pittorici, distribuiti in diversi quartieri di Delo, ma quasi tutti, a causa della loro fragilità, scomparsi. Di questi, non restano che disegni, acquerelli e fotografie, oltre ad alcune copie esposte nel museo.

Nel mondo romano, i *Compitalia* erano celebrati nei primi giorni di gennaio in onore dei Lari Compitali (p. 17). Era una giornata festiva ed era l'occasione di feste familiari durante le quali gli schiavi venivano eccezionalmente onorati: essi partecipavano al sacrificio di un maiale e al banchetto che ne seguiva. Nelle strade venivano organizzati giochi, i *ludi compitalicii*, che richiamavano gli

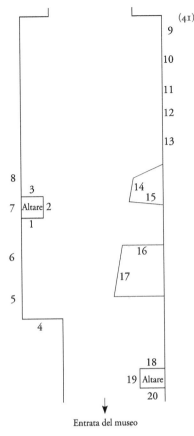

abitanti del vicinato. A Delo questa festa veniva celebrata dagli Italici in ambito familiare su altari disposti presso le porte delle case, ma anche nell'ambito ufficiale dell'associazione degli Italici: sebbene nessuna fonte lo confermi, è probabile che i Competaliasti effettuassero sacrifici nel santuario di Lares e organizzassero i *ludi* sul piazzale dell'Agorà dei Competaliasti (p. 35). Sembrerebbe anche che questo culto possa aver affascinato i fedeli di altre nazionalità, o essere influenzato da rituali stranieri: su alcuni dipinti, divinità greche si mescolano a divinità italiche e alcuni personaggi si presentano nell'atto del sacrificio incoronati secondo il modello greco, anziché presentarsi con un lembo della toga sulla testa, tipico dello stile romano. Ecco perché la presenza di dipinti religiosi non permette di identificare con assoluta certezza come "italica" una dimora.

Gli esemplari presenti al museo forniscono una buona idea della disposizione dei dipinti e dei principali temi rappresentati (41). Addossato alla parete ovest è un altare quadrangolare, le cui tre facciate sono dipinte. Quella centrale (n. 2) ospita, come su tutti gli altari, una scena di sacrificio, mal conservata ma simile a quella della casa dei Tullii (37 e 42) dove riconosciamo, da sinistra a destra, un suonatore di doppio aulos (una specie di oboe), una piccola figura che trasporta un maiale, un altare coperto da un riparo a volta e tre Italici, con il capo coperto da un lembo della toga, che si preparano a sacrificare l'animale. Una versione leggermente diversa appare sull'altare presso la parete est della sala (n. 19): un sacrificante con un maiale che porta all'altare un vassoio con tre frutti.

Sulle facciate laterali degli altari sono rappresentati i *ludi compitalicii*, che consistevano in gare sportive: in genere sono rappresentati due lottatori, come sull'altare est (nn. 18 e 20), o due pugili, come sulla tavola n. 10 (44). Sul lato destro dell'altare ovest (n. 3), eccezionalmente, si assiste al combattimento di due

(42)

(43)

(44)

uomini armati di lance e scudi che, nonostante si presentino a capo scoperto, evocano la figura di gladiatori. I premi offerti ai vincitori erano costituiti da prosciutti, anfore o palme, spesso posizionati vicino ai lottatori: osserveremo l'enorme anfora alla sinistra del pugile sulla tavola n. 6 (vedi anche 37, un'anfora e un prosciutto in primo piano).

Contro la parete est della sala, è stato ricostruito l'ingresso di una casa situata sulla collina a nord della porta ⑪: a sinistra della porta, una nicchia accoglieva le offerte o serviva per l'illuminazione mentre sulla destra erano presenti due altari (non riprodotti qui). Su entrambi i lati, i proprietari avevano successivamente realizzato nove serie di dipinti fissati su pannelli esposti sulle pareti (nn. 5-17). Queste pitture riprendono, con alcune varianti, i temi comuni a tutti i dipinti: così i Lari Compitali (nn. 7 e 8, cfr. p. 17 e 12), che danzano con un rhyton nella mano, sono raffigurati sopra l'altare perché il sacrificio era loro destinato. Sono presenti altre due divinità: Mercurio, protettore dell'ingresso, è rappresentato a destra della porta mentre cammina e tiene in mano una borsa (n. 5, frammentario) mentre Eracle, che spesso sembra presiedere ai ludi, compare su quattro intonaci successivi (nn. 13, 12, 11, 10, vedi 44) con la clava e la pelle di leone. Ma i dipinti più recenti di questa serie presentano diversi elementi originali che lasciano intuire che il culto possa essere stato ripreso da un nuovo proprietario del locale, che non aveva grande familiarità con le tradizioni italiche. In tal modo, la scena del sacrificio (n. 16) non è presente sull'altare ma sulla parete, i personaggi non sono velati ma incoronati, secondo il rito greco, e un suonatore di tromba sostituisce il suonatore di doppio aulos (45). Là, dove il precedente rivestimento presentava Eracle e scene di combattimento, ora osserviamo un cavaliere al galoppo seguito da un corridore che tiene la coda dell'animale (n. 15): potrebbe trattarsi di un concorso equestre (46). Infine, gli altri due pannelli rappresentano un uomo che si arrampica su una palma (n. 14) e una piccola figura che prende un frutto da una coppa di vetro su un tavolo (n. 17, vedi 43).

Si osserveranno ora, sui diversi intonaci, numerosi graffiti e alcune iscrizioni dipinte. Sopra le tre figure coronate (n. 16) compaiono le prime lettere dei loro nomi o soprannomi greci (Théog[énes?], Hip[pias?], Iasôn) che permettono di identificarli come schiavi o liberti italici, o greci che hanno adottato un culto italico (45). Infine, in basso a destra degli intonaci nn. 10 e 11 (44), un personaggio burlesco dal grande ventre indicato con il nome "Kalamodryas" va probabilmente identificato con un famoso atleta dell'inizio del I secolo a.C.

I luoghi di vita degli Italici: dai santuari di quartiere ai monumenti ostentatori

*Dopo aver ammirato i dipinti dei* Compitalia, *possiamo osservare nella stanza successiva i busti della Casa dei sigilli* (p. 26 e 21) *e il pilastro ermaico imberbe della Casa dell'Hermes (pag. 44); nella terza sala è esposta la statua di Ofellius* (p. 14 e 10) *e, nella quarta, l'arcaizzante pilastro ermaico della Casa dell'Hermes* (p. 42 e 40).

*Sulla destra, uscendo dal museo, si può fare una lunga deviazione attraverso il quartiere dello Stadio. Alla fine del percorso in direzione est, visiteremo la palestra* (14), *frequentata dagli Italici* (p. 10-11 e 7), *prima di raggiungere la casa dei Tullii* (15) (p. 40).

*Tornando all'angolo nord-ovest del piazzale del museo, si prenderà a sinistra la Strada dell'Est per osservare il monumento in onore di C. Billienus* (7) (p. 18 e 13) *e visitare la casa di Spurius Stertinius* (6) (p. 40 e 36), *il cui vestibolo si trova dietro la seconda colonna del portico che delimita le abitazioni, sul lato sinistro della strada. Poi visiteremo l'Agorà degli Italici dove entreremo attraverso l'ingresso est* (8).

## L' "AGORÀ" DEGLI ITALICI, LUOGO DI INCONTRO E DI OSTENTAZIONE

Gli archeologi hanno erroneamente denominato "agorà" il grande edificio fatto edificare dagli Italici in una data controversa – intorno al 130 secondo alcuni e poco prima del 100 a.C. secondo altri – e che, probabilmente, non fu mai completato (p. 2-3 e 47). Se si tiene conto di un'iscrizione frammentaria, gli Antichi la chiamavano piuttosto *Italikè pastas*, "il portico italico", e l'indeterminatezza di questa qualificazione risponde alla sua mancanza di una specificità architettonica. Ecco perché la funzione dell'Agorà degli Italici è stata ed è tuttora oggetto di dibattito: in essa vi si riconosce un luogo di ritrovo o una palestra riservata solo agli Italici, un mercato degli schiavi o un giardino di svago aperto a tutti, o un edificio polifunzionale adibito al tempo libero, al commercio e all'accoglienza provvisoria di mercanti e merci, italici o affini. Quel che è certo è che l'edificio è stato frutto di un cantiere di lunga durata, realizzato da e per l'associazione degli Italici. Una volta delimitato l'immenso cortile centrale trapezoidale, su un terreno probabilmente ricavato dal prosciugamento del lago, in pieno centro cittadino – ulteriore prova del favore goduto presso gli ateniesi dalla comunità italica –, la costruzione dei portici a due piani (48) fu ripartita tra otto gruppi di generosi donatori i cui nomi sono incisi sui blocchi di trabeazione, seguiti dalla dedica "ad Apollo e agli Italici".

Al piano terra, sui quattro lati del cortile, si osservano portici con colonne di marmo doriche: quello di nord, che si distingue per lo stilo rosso lavico, fu finanziato dal banchiere Filostrato di Ascalona (p. 13) e quello di ovest da Caius Ofellius (p. 14). Al piano superiore, erano sormontati da gallerie a pilastri ionici, racchiuse da mura probabilmente finestrate: le gallerie furono "offerte" da quattro gruppi di donatori, tra cui due collegi di *magistri*. Si noteranno numerosi pilastri con capitelli disposti nel portico sud; quanto ai blocchi di trabeazione al piano terra e al primo piano, essi si presentano allineati all'interno degli altri portici.

Sotto i portici si aprono varie esedre e nicchie\*: la loro costruzione e la loro decorazione furono affidate a diversi artigiani e in diverse fasi di cui si conoscono parzialmente le tappe cronologiche. L'insieme appare caotico: l'esedra è posta al centro del portico ovest e altre due sotto il portico nord, senza simmetria alcuna; nicchie di varie dimensioni, rettangolari o semicircolari,

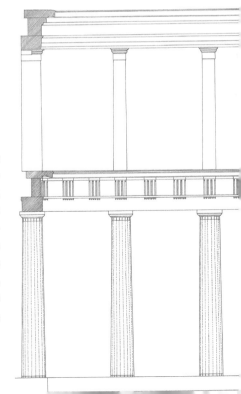

sono disposte qua e là, tra lunghe porzioni di muro pieno; quelle del portico sud furono costruite prendendo il posto di alcune botteghe nei pressi dell'agorà degli Italici, sulla via meridionale. Si è più volte tentato di restituire il progetto originale ma le irregolarità della planimetria dell'edificio si spiegano con la frammentarietà dei finanziamenti: si è dovuto procedere con gradualità, per rispondere ai vari dubbi e cercare di trovare una logica in termini di posizione, forma e dimensione dei vari elementi.

Le tre esedre E, H e L, i cui ampi bracci erano divisi da due colonne tra pilastri ionici, presentano banchi marmorei che recano talvolta incisi i nomi dei loro donatori. Le esedre potevano eventualmente accogliere persone a passeggio ma anche riunioni di lavoro o conferenze. Quella di nord-est (L) fu costruita da Filostrato di Ascalona e ospitava probabilmente la statua eretta in suo onore dagli Italici (p. 13). Quella di nord-ovest (H) fungeva da vestibolo alle terme (vedi 52), e la sua presenza suggerirebbe che l'edificio fosse un luogo di svago per gli Italici residenti o un luogo di soggiorno per mercanti di passaggio. Si accedeva, a destra e a sinistra del vestibolo, ad ambienti destinati alla sudorazione, al bagno o al relax: il più piccolo dei due ambienti circolari pavimentati in cotto (H″) è probabilmente il *laconicum*, un forno a secco, finanziato da due ex Ermaisti

(22 e p. 27). Infine, l'esedra occidentale (E, 49) ospitava, nella nicchia centrale, la statua del proconsole romano C. Cluvius.

Le numerose nicchie, riccamente decorate, erano destinate alle statue di personaggi onorati dagli Italici o da singoli individui: molte di queste hanno conservato le loro basi con iscrizioni. Citiamo in particolare quella dove si ergeva l'effigie marmorea di Caius Ofellius (F, p. 14 e 10), sulla quale leggeremo la dedica degli italici (sull'incoronazione) e la firma dei due scultori ateniesi, Dionisio figlio di Timarchide e Timarchide figlio di Policleto (sul corpo della base). La statua era incassata nella base di marmo ancora visibile sulla facciata superiore.

Un'altra statua, scoperta nella nicchia J e ora esposta al Museo Nazionale di Atene, rappresentava un Gallico ferito (50), a testimonianza del gusto degli Italici di Delo per l'arte di Pergamo a seguito del lascito da parte di Attalo III del suo regno a Roma.

Alcune nicchie, ricostruite dopo lo scavo, sono decorate con mosaici di più o meno buona qualità. Nella nicchia K, il pavimento rappresenta un'idria* in bronzo posta su un plinto, una palma e altri oggetti non identificati, incorniciata da fasce di meandri e trecce che formano un tappeto. Il nome del donatore, Publius Satriconius figlio di Publius, è iscritto in greco con tessere nere sul fondo bianco

della superficie centrale (51). Allo stesso modo, sul mosaico della nicchia D si legge il nome di Lucius Orbius figlio di Marcus, della tribù romana Horatia. Il cortile centrale non era pavimentato e i sondaggi archeologici e geofisici non hanno rivelato altri resti. Ospitava forse un giardino alberato? Non ci sono prove in tal senso. Un'iscrizione, incisa sul piedistallo del vestibolo delle terme (H, 52), suggerisce che l'immenso spazio in terra battuta potrebbe aver avuto un altro uso: questa dedica latina, incompleta, proviene da un collegio di dodici *magistri* (Ermaisti, Apolloniasti e Poseidoniasti) che commemorano la costruzione di una parte dell'edificio e la celebrazione, a loro spese, dei *ludi*. Ovviamente non si tratta dei *ludi compitalicii* perché la loro organizzazione era affidata ai Competaliasti, un collegio di schiavi e liberti di cui non troviamo traccia presso l'Agorà degli Italici. I *ludi*, a Roma, erano costituiti da giochi pubblici, spettacoli teatrali, gare sportive o corse di carri, organizzati in occasione di feste religiose o offerti al popolo dai magistrati. L'immenso cortile dell'Agorà degli Italici potrebbe essere stato utilizzato per spettacoli finanziati dai *magistri* di Mercurio, Apollo e Nettuno, senza che sia, però, possibile determinare l'esatta natura di questi *ludi*. Non si può escludere che vi si svolgessero combattimenti di gladiatori (*munera*): una lapide trovata a Delo reca il disegno inciso di un gladiatore e un'iscrizione che ricorda le vittorie di un certo Marcus Caecilius Epagathos.

L'Agorà degli Italici disponeva di tre accessi: due vestiboli, agli angoli sud-ovest e sud-est (B e N), e un propileo (A), ingresso monumentale con quattro colonne

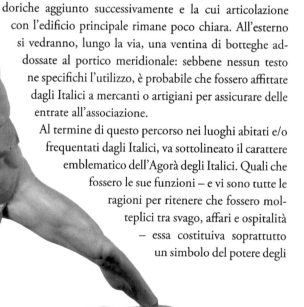

doriche aggiunto successivamente e la cui articolazione con l'edificio principale rimane poco chiara. All'esterno si vedranno, lungo la via, una ventina di botteghe addossate al portico meridionale: sebbene nessun testo ne specifichi l'utilizzo, è probabile che fossero affittate dagli Italici a mercanti o artigiani per assicurare delle entrate all'associazione.

Al termine di questo percorso nei luoghi abitati e/o frequentati dagli Italici, va sottolineato il carattere emblematico dell'Agorà degli Italici. Quali che fossero le sue funzioni – e vi sono tutte le ragioni per ritenere che fossero molteplici tra svago, affari e ospitalità – essa costituiva soprattutto un simbolo del potere degli

Italici di Delo. Ripartendo tra i suoi membri la costruzione di portici, esedre e terme, permettendo loro di erigere statue di personaggi illustri in un ambiente sontuoso, incidendo i loro nomi ovunque sulla pietra, l'associazione degli Italici poteva così esibire il suo successo, la sua ricchezza e la sua influenza. È evidente, in questo contesto, che l'Agorà degli Italici fosse aperta a tutti: che interesse avrebbero avuto, altrimenti, gli Italici a riservarsi i benefici dei loro sforzi tanto ostentati? Il complesso non era un edificio associativo chiuso come quello dei Poseidoniasti di Berito, ed è per questo che non vi si sono trovati né documenti amministrativi né santuari: la sede dell'associazione va infatti cercata altrove. Era semplicemente un vasto luogo di ostentazione che poteva certamente soddisfare ai più svariati bisogni, dove Ateniesi e stranieri residenti nell'isola, nonché magistrati ateniesi e romani di passaggio, venivano accolti con pompa, in una città caratterizzata da una sovrabbondanza di individui e da un'attività commerciale onnipresente.

*Tornando al molo, ci si può fermare all'Agorà di Teofrasto ⑨ per vedere la base della statua di Teofrasto (p. 19 e 14), il Poseideion e il suo altare ⑩ (p. 17) e la base della statua di Eracle dedicata dagli Ermaisti, Apolloniasti e Poseidoniasti (11 e box 3). È anche possibile fare una deviazione per visitare l'edificio dei Poseidoniasti di Berito ⑫ (p. 13-14 e 9).*

# Conclusione

Per quanto prosperi fossero, anche gli Italici di Delo furono soggetti alle fluttuazioni economiche del mercato, e sembra che dall'inizio del I secolo a.C., l'isola abbia conosciuto un lento declino nel settore dei commerci tra l'Oriente e la penisola italica, a vantaggio del porto italico di Pozzuoli. Ma, in particolar modo, Delo fu vittima di due successivi eventi nefasti, attestati da fonti letterarie e archeologiche. Durante la guerra tra Roma e il re di Ponto Mitridate Eupator, Delo si separò da Atene rifiutando, dietro influenza degli Italici, di schierarsi dalla parte di Mitridate: nell'autunno dell'88 a.C., questi prese e saccheggiò Delo, uccise 20.000 uomini, per lo più Italici secondo Appiano, riducendo in schiavitù donne e bambini. Vent'anni dopo, nel 69 a.C., le truppe del pirata Athénodôros, al soldo di Mitridate, saccheggiarono nuovamente l'isola: fu allora che il legato romano Caius Triarius fece costruire un bastione difensivo a protezione di una parte della città.

Sebbene l'entità di questi due eventi sia stata sicuramente esagerata dagli storici antichi, rimangono molte tracce di queste tragiche circostanze. Nell'88 gli edifici italici subirono numerose e volontarie depredazioni: fu mutilata la statua del magistrato romano C. Billienus (13) nonché numerosi monumenti onorifici dell'Agorà degli Italici, che ancora portano la firma "Aristandros di Paros l'ha riparato". Fu forse in questa occasione che il rilievo dell'altare dei Lari (29), nell'Agorà dei Competaliasti, fu danneggiato. Quanto alla Casa dei sigilli (p. 26), fu probabilmente bruciata nel 69 dopo che i due busti dei suoi proprietari furono anch'essi danneggiati (21); non fu mai ricostruita, il che significa con ogni probabilità che i suoi abitanti lasciarono l'isola o perirono durante l'assedio.

Poco si sa del resto di questa storia: preoccupati di riparare i danni e riprendere le loro attività, gli Italici ricevettero la visita e l'aiuto del proconsole Silla poco dopo il disastro dell'88; tuttavia, abbandonarono in gran numero l'isola dopo il 69, perché i profitti non erano più sufficienti a coprire gli investimenti necessari per riprendersi dai danni subiti. Infatti, la vittoria di Pompeo contro i pirati nel 67 e la creazione di province romane nelle regioni fornitrici di schiavi (soprattutto la Siria nel 64) prosciugarono le fonti di approvvigionamento per il mercato di Delo. Rimangono ancora alcune tracce di presenze italiche fino alla metà del I sec. a.C., in particolare un'iscrizione degli Ermaisti che ricorda la dedica di un tempio e di statue a Hermes nel 57/6. I rari monumenti onorifici conservati sono dovuti ad Ateniesi e ad altri abitanti dell'isola, senza che gli Italici vengano mai menzionati. Che fine avevano fatto dunque le *gens* dei Paconii, dei Tullii o degli Aemilii? Se alcuni, originari delle ricche città commerciali della penisola italica, fecero senza dubbio ritorno in patria, altri partirono per svolgere la propria attività alla volta dei più animati porti egei: dalla fine del I secolo troviamo nomi italici provenienti da Delo in Macedonia, nel Peloponneso e in Asia Minore. Delo rimase, per tutta l'epoca romana, un importante luogo di pellegrinaggio sotto il controllo di Atene, ma la prosperità del suo porto cosmopolita, che tanto aveva attratto gli Italici, divenne solo un lontano ricordo.

# Glossario

**Agorà:** piazza pubblica in cui si svolgevano i commerci al dettaglio, sotto il controllo di magistrati detti agoranomi.

**Architrave:** in un tempio o in un portico, blocco di trabeazione poggiante direttamente sulle colonne.

**Bucranio:** testa di bue scolpita adornante altari o fregi architettonici.

**Cenotafio:** monumento funebre commemorativo privo dei resti mortali.

**Collegio** (latino *collegium*): gruppo di persone riunite in associazioni che assumono una comune funzione ufficiale. Nel mondo romano le responsabilità politiche e amministrative erano spesso collegiali.

**Consoli:** supremi magistrati dello stato romano, esercitanti il potere civile e militare. Eletti per un anno, i due consoli davano il loro nome all'anno in cui prestavano servizio.

**Crepide:** scala a due o tre gradini che dà accesso a un tempio, a un portico, ecc.

**Dedica:** iscrizione incisa indicante il nome del donatore, la sua possibile funzione, il destinatario, la natura dell'offerta, la data, ecc. Le **dediche votive** (o religiose) sono rivolte a divinità mentre le **dediche onorifiche** rendono omaggio a un individuo di cui veniva solitamente eretta una statua.

**Dioscuri:** nome dato alle divinità gemelle Castore e Polluce, protettori della navigazione.

**Efebia:** periodo di formazione fisica e intellettuale fornita dalla città ai giovani dai 18 ai 20 anni (**efebi**) nell'ambito del ginnasio.

***Emporion:*** area del porto riservata al commercio all'ingrosso (internazionale), sotto la supervisione del magistrato detto epimeleta dell'*emporion*.

**Epimeleta dell'isola:** dal 167 a.C., è il principale magistrato ateniese di Delo, responsabile dell'esecuzione delle decisioni dell'assemblea, delle questioni religiose, finanziarie, ecc. Eletto per un anno, il suo nome indicava anche l'anno in corso e nelle iscrizioni il nome sostituisce la datazione.

**Epitaffio:** iscrizione incisa su un monumento funebre.

**Esedra:** ambiente a forma di emiciclo porticato; spesso con panche in marmo, che fungeva da luogo di incontro, insegnamento o svago.

**Etnico:** aggettivo legato al nome di un personaggio e indicante la sua città di origine.

**Evergeta:** benefattore che mette la sua ricchezza al servizio di una comunità (città, associazione, ecc.), onorato per i suoi atti di **evergetismo** (finanziamento per la costruzione di monumenti, feste, ecc.).

***Gens*, plur. *gentes*:** nel mondo romano, famiglia, stirpe i cui membri portano lo stesso gentilizio.

**Gentilizio:** cognome comune a tutti i membri di una *gens*.

**Idria:** vaso a tre manici per il trasporto dell'acqua.

**Iscrizione:** testo inciso su un supporto duro, spesso in pietra, a volte in metallo. Le iscrizioni di Delo sono redatte in greco antico e in taluni casi in latino.

**Koinon**: termine greco indicante una associazione.

**Laconicum**: nelle terme romane, stanza circolare utilizzata per la sudorazione in un ambiente caldo e secco.

**Libagione**: rito consistente nell'offerta di una bevanda a una divinità, con il versamento sull'altare di una mistura di vino, latte, olio o miele.

**Liberto**: ex schiavo liberato dal suo padrone, divenuto suo "signore" nei confronti del quale mantiene alcuni doveri.

**Ludi**: nel mondo romano, giochi pubblici organizzati nell'ambito di feste religiose o offerti al popolo dai magistrati.

**Magister, plur. magistri, magistres o magistreis**: titolo conferito nel mondo romano ai rappresentanti delle associazioni, che esercitavano collegialmente le loro funzioni. A Delo, i *magistri* di Mercurio sono chiamati in greco Ermaisti, quelli di Nettuno, Poseidoniasti, quelli di Apollo, Apolloniasti e quelli dei Lari Compitali, Competaliasti.

**Naiskos**: tempietto.

**Nauclero**: armatore/comandante di una nave mercantile.

**Nicchia**: in un portico, piccola stanza inaccessibile al pubblico e ospitante una statua.

**Offerta**: oggetto o monumento dedicato a una divinità.

**Pastoforio**: nei santuari egizi, ambiente destinato ad ospitare sacerdoti ed eventualmente i fedeli.

**Peculio**: somma di denaro messa da parte da uno schiavo per riacquistare la libertà dal proprio padrone.

**Peristilio campano**: portico circondante un cortile, caratterizzato dal sopraelevamento di colonne (o pilastri) su muretti.

**Pilastro ermaico**: monumento scolpito a forma di pilastro sormontato da un busto di Ermete e provvisto, sulla facciata anteriore, del sesso maschile: eretto in strada, sull'agorà o talvolta in un edificio privato, aveva carattere sacro ed era utilizzato per la protezione del luogo.

**Proconsole**: ex console, divenuto governatore di una provincia romana.

**Prostilo**: tempio con colonne nella parte frontale non limitata da ante.

**Rhyton**: vaso a forma di corno, usato per bere vino o effettuare una libagione*.

**Santuario**: spazio sacro, delimitato da un muro o da monumenti, dedicato al culto di una divinità.

**Sekoma**: un tavolo di misurazione in pietra che veniva utilizzato per vendere olio, vino o grano.

**Sigillo**: timbro sul quale è incisa un'immagine e talvolta un nome. I firmatari di un contratto di papiro apponevano il loro sigillo su una pastiglia di argilla cruda per garantirne l'autenticità. Quando la Casa dei sigilli bruciò a Delo, i papiri bruciarono insieme alle pastiglie di argilla, permettendo loro di preservarsi sino ai nostri giorni.

**Sottoscrizione**: modalità di finanziamento consistente nel sollecitare un gran numero di persone per la costruzione di un edificio o di una qualsiasi altra attività onerosa; l'elenco dei **sottoscrittori** e le somme versate sono incisi su una stele destinata a commemorarne la generosità.

**Tavoletta di maledizione**: lastra in rame o piombo, sulla quale era incisa una maledizione o un incantesimo prima di gettarla in un pozzo o in una tomba per destinarla agli dei degli inferi.

**Tholos monoptero**: edificio circolare con colonnato libero (senza edificio centrale) generalmente ospitante una statua.58

**Trabeazione**: in un tempio o in un portico, insieme di blocchi posti tra le colonne e il tetto (o il portico superiore).

# Per approfondire

Ph. BRUNEAU *et al.* (éd.), *Délos : île sacrée et ville cosmopolite* (1996).

Ph. BRUNEAU, J. DUCAT, *Guide de Délos*, 4ᵉ éd. (2005).

M.-Th. COUILLOUD, *Les monuments funéraires de Rhénée*, *EAD* XXX (1974).

J. DELORME, « La Maison dite de l'Hermès à Délos : étude architecturale », *BCH* 77 (1953), p. 444-496.

P. ERNST, *Recherches sur les pratiques culturelles des Italiens à Délos aux IIᵉ et Iᵉʳ siècles a.C.* (2019).

Cl. HASENOHR, « Les *Compitalia* à Délos », *BCH* 127.1 (2003), p. 167-249.

Cl. HASENOHR, « Italiens et Phéniciens à Délos : organisation et relations de deux groupes d'étrangers résidents (IIᵉ-Iᵉʳ siècles av. J.-C.) », dans R. COMPATANGELO-SOUSSIGNAN, Chr.-G. SCHWENTZEL (éd.), *Étrangers dans la cité romaine : actes du colloque de Valenciennes* (2006), p. 77-90.

Cl. HASENOHR, « Les Italiens de Délos : entre romanité et hellénisme », dans J.-M. LUCE (éd.), *Les identités ethniques dans le monde grec : actes du colloque de Toulouse (9-11 mars 2006)*, *Pallas* 73 (2007), p. 221-232.

P. KARVONIS, « Les installations commerciales dans la ville de Délos à l'époque hellénistique », *BCH* 132.1 (2008), p. 153-219.

Chr. LE ROY, « Encore l'Agora des Italiens à Délos », dans M.-M. MACTOUX, É. GÉNY (éd.), *Mélanges Pierre Lévêque 7* (1993), p. 183-208.

J. MARCADÉ (éd.), *Sculptures déliennes* (1996).

Chr. MÜLLER, Cl. HASENOHR (éd.), *Les Italiens dans le monde grec* (2002).

Cl. NICOLET, *Rome et la conquête du monde méditerranéen : 264-27 av. J.-C.* (1978-1979).

P. ROUSSEL, *Délos, colonie athénienne*, 2ᵉ éd. (1987).

M. TRÜMPER, « Where the Non-Delians met in Delos: The Meeting-Places of Foreign Associations and Ethnic Communities in Late Hellenistic Delos », dans O. VAN NIJF, R. ALSTON (éd.), *Political Culture in the Greek City after the Classical Age* (2011), p. 49-100.

# Testi citati

# Illustrazioni

**Pianta 1** — I luoghi di vita degli Italici (da J.-Ch. Moretti [a cura di], *Atlas*, 2015, tav. 5).

**Pianta 2** — I luoghi di vita degli Italici: itinerario di visita (secondo J.-Ch. Moretti [a cura di], *Atlas*, 2015, tav. 7).

**P. 2-3** — Veduta dell'Agorà degli Italici: in primo piano la terrazza dei Leoni e sullo sfondo il Monte Cinto (foto 1910).

1. Veduta aerea del porto, del santuario di Apollo e dei quartieri residenziali (foto J.-Ch. Moretti, Chr. Gaston).
2. Alcune città di origine degli Italici di Delo (da *EAD* XXX, fig. 28).
3. Stele funeraria di Timocrate Raecius, schiavo di Nemerius.
4. Base di una statua di Quintus Tullius posta su base cilindrica nella casa IC nel quartiere dello Stadio (foto Cl. Hasenohr).
5. Stele funeraria di Tertia Horaria (Museo Archeologico di Mykonos (foto Cl. Hasenohr).
6. Stele funeraria di Furia.
7. Il ginnasio di Delo (foto Cl. Hasenohr).
8. Rilievo di Artemide Soteira dedicato da Spurius Stertinius (foto di Ph. Collet).
9. Piano di fondazione dei Poseidoniasti di Berito (*Guida a Delos*, p. 229, fig. 63).
10. Statua di Caius Ofellius Ferus (foto Ph. Collet).
11. Base di una statua di Ercole-Eracle, dedicata dagli Ermaisti, Apolloniasti e Poseidoniasti (foto Cl. Hasenohr).
12. I *Lari Compitali*: pittura della facciata della casa situata di fronte alla Casa della Collina (Museo di Delos, foto Cl. Hasenohr).
13. Statua di Caius Billienus (foto Cl. Hasenohr).
14. Monumento in onore dell'epimeleta Teofrasto (foto Cl. Hasenohr).
15. Graffiti delici che rappresentano navi mercantili (da L. Basch, *The Imaginary Museum of the Ancient Navy*, Hellenic Institute for the Preservation of Nautical Tradition, 1987, p. 374-380).
16. Stele funeraria di Spurius Granius.
17. Sekoma di C. Julius Caesar (foto Cl. Hasenohr).
18. Anfore italiche scoperte a Delo: a. Anfora di Brindisi (olio), b. anfora Dressel 1A (vino), c. anfora Dressel 1C (vino), d. anfora Lamboglia 2 (vino). Disegni N. Sigalas.
19. Veduta aerea dell'Agorà dei Delii (foto J.-Ch. Moretti, Chr. Gaston).
20. Sigilli delici con nomi romani (M.-Fr. Boussac, «Sceaux déliens», *Revue archéologique*, 1988, p. 324).
21. Busti di due Italici (?) rinvenuti nella Casa delle Foche (foto di Ph. Collet).
22. Dedica del *laconicum* delle terme dell'Agorà degli Italici.
23. Pianta dell'Agorà dei Competaliasti (da J.-Ch. Moretti [ed.], *Atlas*, 2015, tav. 25).
24. Il naiskos ionico degli Ermaisti (foto Cl. Hasenohr).
25. Restituzione del naiskos ionico degli Ermaisti (disegno G. Poulsen).
26. Cassetta delle offerte del naiskos ionico (da J. Hatzfeld, "The Italians Residing at Delos", *BCH* 36, 1912, p. 201).

27. La tholos dei Competaliasti e il suo peribolo (foto Cl. Hasenohr).

28. Restituzione della tholos dei Competaliasti e del suo peribolo (modello 3D: Fl. Comte, Ausonius UMR 5607-Labex LaScArBx ANR-10-Labex-52).

29. L'altare dei Lari Compitali (foto Cl. Hasenohr).

30. Trabeazione del naiskos dorico degli Ermaisti (foto Cl. Hasenohr).

31. Restituzione dell'elevazione della parte superiore del naiskos dorico degli Ermaisti (disegno B. Sagnier).

32. L'altare di Eracle (foto Cl. Hasenohr).

33. Restituzione dell'Agorà dei Competaliasti vista da sud (modello 3D: Fl. Comte, Ausonius UMR 5607-Labex LaScArBx ANR-10-Labex-52).

34. Pianta dei magazzini del lungomare (da J.-Ch. Moretti [ed.], *Atlas*, 2015, tav. 27).

35. Magazzino γ (foto Cl. Hasenohr).

36. Nicchia nella casa di Spurius Stertinius (foto Cl. Hasenohr).

37. Altare, panca e dipinti religiosi italici all'ingresso della casa IC nel quartiere dello Stadio (foto Ch. Avezou).

38. La Casa dell'Hermes (foto Cl. Hasenohr).

39. Restituzione del cortile della Casa dell'Hermes (disegno Y. Fomine).

40. Testa arcaicizzante di Hermes della Casa dell'Hermes (cl. Ph. Collet).

41. Prospetto delle pitture religiose italiche conservate nel museo.

42. Scena di sacrificio dipinta sull'altare esterno della casa IC nel quartiere dello Stadio (acquerello M. Bulard).

43. Personaggio nell'atto di prendere un frutto in una tazza di vetro (affresco n. 17, foto Cl. Hasenohr).

44. Eracle che presiede ad un incontro di lotta dei *ludi compitalicii* (affresco n. 10, foto Cl. Hasenohr).

45. Scena di sacrificio e suonatore di tromba (affresco n. 16, foto Cl. Hasenohr).

46. Gara equestre? (affresco n. 15, foto Cl. Hasenohr).

47. Restituzione della pianta dell'Agorà degli Italici (da *Guide de Délos*, p. 221, fig. 59).

48. Restituzione dei portici dell'Agorà degli Italici (da *Guide de Délos*, p. 222, fig. 60).

49. Elevazione dell'Esedra Ovest (E) dell'Agorà degli Italici (da E. Lapalus, *EAD* XIX, 1939, fig. 37).

50. Statua di Gallico ferito dall'Agorà degli Italici (Museo Archeologico Nazionale di Atene, foto Ph. Collet).

51. Il mosaico di Publius Satriconius (acquerello M. Bulard).

52. Il cortile dell'Agorà degli Italici, visto dal vestibolo delle terme (foto J.-Ch. Moretti).

53. L'Agorà dei Competaliasti vista da est (foto Cl. Hasenhor).

Crediti iconografici: EFA, salvo diversa menzione.

Gli Italici a Delo

# Sommario

Finito di stampare

nel settembre 2022

da Sepec numérique

Péronnas (Francia)

ISBN : 978-2-86958-581-2

Deposito legale: 4o trimestre 2022

Copertina: pittura religiosa proveniente dal Magazzino della vasca: Lare e scena di combattimento dei *ludi compitalicii* (acquarello G. Simões Da Fonseca, da M. Bulard, *Peintures murales et mosaïques de Délos* [1908], tav. IV).

Traduzione e revisione: Franco Bruni.

Direttrice: Véronique Chankowski – Responsabile delle pubblicazioni: Bertrand Grandsagne – Redazione: EFA, Iris Granet-Cornée – Realizzazione grafica: EFA, Guillaume Fuchs